삶의 순간을
코칭하다

삶의 순간을 코칭하다

일상의 틈에서 피어난 성장 이야기

초판 1쇄 발행 2026년 1월 15일

지은이 여경희, 김은정, 윤지후, 왕장호
펴낸이 장길수
펴낸곳 지식과감성#
출판등록 제2012-000081호

교정 주경민
디자인 강샛별, 김희영
편집 윤혜성
검수 정은솔
마케팅 김윤길

주소 서울시 금천구 벚꽃로298 대륭포스트타워6차 1212호
전화 070-4651-3730~4
팩스 070-4325-7006
이메일 ksbookup@naver.com
홈페이지 www.knsbookup.com

ISBN 979-11-392-3017-8(03190)
값 19,000원

지식과감성#
홈페이지 바로가기

일상의 틈에서 피어난 성장 이야기

삶의 순간을 코칭하다

여경희 김은정 윤지후 왕장호

코칭을 처음 접하는 일반 독자,

코칭에 입문하는 예비 코치,

그리고 코칭학을 전공하는 사람들 모두에게

실제 대화체를 통해 코칭의 본질을 경험하게 하는 책

지식과감성#

프롤로그

— 삶의 이야기 속에서 피어나는 코칭의 순간들

우리는 살아가며 수많은 질문과 마주합니다.
"나는 잘 살고 있는 걸까?"
"지금 이 길이 맞는 걸까?"
"내 마음을 누군가 들어줄 수 있을까?"
이 책은 그런 질문들 속에서 피어난 코칭 이야기입니다.
코칭은 단순한 기술이 아닙니다.
코칭은 존재를 존중하고, 가능성을 믿으며,
삶을 함께 바라보는 철학적 접근입니다.
이 책은 코칭 철학인 모든 사람은 창의적(Creative)이고,
완전성을 추구하고자 하는 욕구(Holistic)가 있으며,
누구나 내면에 자신의 문제를 스스로
해결할 수 있는 자원을 가지고 있다(Resourceful)는 것과
GROW 코칭 대화모델을 바탕으로,
NLP(신경언어프로그래밍) 심리 기법 등을 활용하여
코칭이 어떻게 사람의 마음을 열고
삶을 변화시키는지를 보여줍니다.
저자들은 각자의 삶의 현장에서

생활 속 코칭을 실천하고 있습니다.
일상 속에서 가족과의 관계를 돌아보는 주부의 이야기,
호스피스 현장에서 죽음을 앞둔 환자와의 대화,
중년의 갈등과 자기 정체성을 탐색하는 여성의 고백,
그리고 자동차를 통해 인생을 회상하는 노인의 감정까지
코칭이 삶의 모든 순간에 존재할 수 있는
따뜻한 동행임을 보여줍니다.
이 책은 코칭을 처음 접하는 일반 독자,
코칭에 입문하는 예비 코치,
그리고 코칭학을 전공하는 사람들 모두에게
실제 대화체를 통해 코칭의 본질을 경험하게 합니다.
당신의 삶에도, 조용한 질문 하나가
따뜻한 변화를 일으킬 수 있기를 바라며,
이 책이 그 첫걸음이 되기를 기대합니다.

2025년 가을에

여경희, 김은정, 윤지후, 왕장호 올림

차례

삶의 마지막 여정에서 김은정

희망을 건네는 작은 이야기 윤지후

노인과 자동차

왕장호

생활 속 코칭 이야기

여경희

1장

코칭의 기초를 일상에서 만나기

1. 코칭이란?

코칭을 삶 속에서 적용하기 위해서는 코칭이 무엇인지 알리고 싶었다.

1) 코칭의 정의

◆ **국제코치연맹**(ICF, International Coaching Federation)

"코칭은 고객(내담자)이 자신의 잠재력을 최대한 발휘할 수 있도록 영감을 주고, 생각을 자극하며, 창의적인 과정을 통해 동반하는 협력적 관계이다."

즉, 코치는 답을 주는 사람이 아니라, 질문과 대화를 통해 고객이 스스로 답을 찾도록 돕는 동반자다.

2) 일반적인 코칭의 정의

코칭은 사람 안에 이미 있는 가능성과 강점을 발견하고 성장하도록 돕는 대화와 관계의 기술이다. 문제 해결보다 성장·발전·잠재력 실현에 초점을 둔다.

◆ **어린이에게**

"코칭은 ○○이 안에 숨어 있는 보물을 찾는 게임이에요. 코치는 ○○이가 하고 싶은 걸 잘할 수 있도록 옆에서 응원하고, 새로운 길을 보여주는 친구 같은 사람이에요."

◆ **청소년에게**

"코칭은 ○○이 스스로 답을 찾도록 도와주는 대화예요. 코치는 정답을 주지 않고, 질문을 던져서 ○○이가 원하는 길과 가능성을 스스로 발견하도록 도와줘요. 마치 ○○이 안에 있는 나침반을 꺼내 쓰게 해주는 거죠."

◆ **성인에게**

"코칭은 단순히 문제를 해결하는 게 아니라, 나의 강점과 잠재력을 발휘하도록 돕는 과정이에요. 코치는 삶의 목표를 더 분명히 하고, 행동을 이어가도록 격려하는 협력적 동반자예요. '내 안의 답을 찾도록 도와주는 전문적인 대화'라고 할 수 있어요."

◆ 어르신에게

"코칭은 살아온 경험을 돌아보며 앞으로 더 의미 있는 삶을 살도록 돕는 과정이에요. 코치는 나를 존중하며 경청하고, 내가 가진 지혜와 강점을 다시 꺼내서 지금과 미래에 더 잘 쓰게 도와주는 벗 같은 존재예요."

즉 코칭은 '당신 안에 이미 답이 있다'는 믿음으로 시작한다.

코칭은 문제를 지적하는 것이 아니라, 사람 안에 있는 가능성을 믿고 꺼낸다. 그래서 코치는 '무엇이 잘못되었는지'보다 '당신 안에서 무엇이 살아나고 싶은지'를 묻는다.

코치는 거울처럼 고객 자신의 생각을 비춰주고, 등불처럼 길을 밝히며, 동반자처럼 함께 걸어가는 것이다.

2. 패러다임

- **고객에게 답이 있다**: 답은 코치가 아니라 고객 안에 있다.
- **사람은 잠재력이 있다**: 누구나 성장하고 변화할 가능성이 있다.
- **사람은 스스로 선택한다**: 자신의 삶과 행동에 대한 주체적 선택권이 있다.
- **관계는 수평적이다**: 코치와 고객은 동등한 파트너이다.
- **변화는 지금 여기서 시작된다**: 과거나 미래가 아니라 현재의 인식과 선택에서 변화가 일어난다.

즉 코칭 패러다임은 '고객 안에 답이 있고, 그 답을 스스로 선택하고 실행하도록 돕는 수평적 관계의 과정'이다.

1) 결단

Martin Seligman은 1998년에 미국심리학회회장으로 취임하면서 심리학의 망각된 사명을 상기시키며 심리학의 새로운 방향을 제시하였다. 즉 인간의 약점과 장애에 대한 학문만이 아니라 강점과 덕성에 대한 학문으로써 '긍정심리학'이라는 용어가 공식적으로 사용되기 시작했다.

진정한 치료는 손상된 것을 고치는 것이 아니라 우리 안에 있는 최선의 가능성을 이끌어내는 것이어야 한다.

> 나는 다섯 살이 갓 지닌 딸 니키와 함께 정원에서 잔디를 깎고 있었다. 니키는 깎아놓은 잔디를 하늘로 던지며 장난을 치고 있었다. 그래서 니키에게 하지 말라고 냅다 소리를 질렀다. 그녀는 그런 나를 보고 저만치 가다가 돌아서서 이렇게 말했다.
> "아빠, 말할 게 있어요."
> "그래, 말해 보거라."
> "아빠, 다섯 살이 되던 생일날 이전에 내가 어땠는지 아세요? 세 살부터 다섯 살이 될 때까지 나는 울보였어요. 그건 그동안 내가 한 일 중에서 가장 어려운 일이었어요. 하지만 나는 해냈어요. 나도 징징거리면 우는 것을 그만둘 수 있으니까, 아빠도 심술부리는 것을 그만둘 수 있을 거예요."
> 나에 대한 니키의 지적은 옳았다. 나는 불평꾼이었다. 니키가 했던 것처럼 나도 그 순간부터 나 자신을 바꾸기로 결심했다. 그 일은 내가 평생 동안 해 왔던 어떤 일보다 더 어려운 일이었지만 말이다.
>
> (『긍정심리학』, 권석만)

이 글은 Seligman의 긍정심리학을 창안하는 계기가 되었던 니키와의 우연한 경험 중에서 발췌한 이야기이다. 이 글을 읽으면서 나 자신에게 여러 가지 질문을 하였다.

◆ 행복이란 무엇인가?

행복은 내 삶에 의미를 부여하고, 그 의미를 깨닫고, 매일 현재를 즐기며 살아가는 것이다. 하루하루의 작은 행복들이 모여 한 주가 되고, 한 주가 한 달이 되고, 한 달이 한 해가 된다. 그렇게 계속 쌓여서 결국에는 나의 인생이 된다.

◆ **나는 하루하루 행복한가?**

나는 의미 있는 일을 하며 감사한 마음으로 시간을 즐기며 살아간다. 후회하지 않는 삶을 살고 있기 때문에 나는 행복하다고 느낄 수 있다.

◆ **행복한 삶을 위해 내가 결단해야 할 것은 무엇인가?**

행복한 삶을 살기 위해, 나는 매일 최선을 다해 하루하루를 살아가기로 결단했다. 게으른 마음을 버리고, 내가 주어진 시간을 의미 있게 활용하기로 했다. 이를 실천하면서, 후회 없는 삶을 살아가려고 한다.

이 글을 통해 우리는 행복과 개인적 변화에 대해 깊이 생각할 수 있다. 니키의 지적에서 나오는 여러 아이디어들은 긍정적인 변화와 행복을 향한 중요한 교훈을 제공한다. 이를 바탕으로 다양한 행복에 관한 질문들을 만들어 볼 수 있다.

◆ **행복의 정의**

- 행복은 무엇인가요?
- 각 사람에게 행복은 어떤 모습일까요?
- 우리는 어떻게 행복을 측정할 수 있을까요?

◆ **긍정적인 변화**

- 개인적인 변화를 이루기 위해서는 어떤 노력이 필요할까요?
- 자신을 바꾸는 가장 어려운 부분은 무엇일까요?

- '나는 해냈다'는 느낌을 가지게 되면, 어떤 점에서 더 행복해질 수 있을까요?

◆ **불평과 감사**

- 불평을 줄이는 것이 행복에 미치는 영향은 무엇인가요?
- 감사하는 마음이 행복에 어떻게 영향을 줄까요?
- 불평을 없애기 위한 실질적인 방법은 무엇일까요?

◆ **긍정적인 사고와 심리적 건강**

- 긍정적인 사고를 키우는 데 도움이 되는 습관은 무엇이 있을까요?
- 심리학적으로 행복한 사람들의 특징은 무엇일까요?
- 불행을 극복하기 위한 심리학적인 접근법은 어떤 것이 있을까요?

◆ **행복과 주변 사람들과의 관계**

- 다른 사람들의 행복에 어떤 방식으로 기여할 수 있을까요?
- 행복을 나누는 것과 함께 나누는 사람들에게 미치는 긍정적인 영향은 어떤 것이 있을까요?
- 가족 간의 관계가 행복에 미치는 영향은 무엇인가요?

2) 지금 이 순간

가장 중요한 순간은 바로 지금, 여기다.

◆ 경험

2020년 1월 30일, 설날 연휴의 활기찬 아침이었다. 시어머니는 가족과 함께 음식을 만들고, 윷놀이를 하며 환하게 웃고 계셨다. 그 모습은 평소처럼 온화하고 따뜻했다. 그런데 갑자기, 아무런 예고도 없이 시어머니는 심장마비로 우리 곁을 떠나셨다. 남은 가족들은 망연자실했고, 마음은 깊은 슬픔과 허무로 가득 찼다.

◆ 질문과 성찰

그 사건 이후, 나는 스스로에게 많은 질문을 던졌다.

"나는 지금 이 순간을 얼마나 진심으로 살고 있는가?"

"내 옆에 있는 사람들과 가족, 직장 동료, 교회 식구들, 그리고 내 주변 사람들에게 나는 얼마나 감사하며 살아가고 있는가?"

삶은 언제 끝날지, 사랑하는 사람들은 언제 떠날지 알 수 없다는 사실이, 내 마음속 깊이 새겨졌다.

나는 코칭을 통해 나 자신을 관찰하고, 존재를 있는 그대로 받아들이는 연습을 시작했다.

"나의 에고(ego)를 버리자. 난 아무것도 모른다."

판단, 비판, 비난, 조언을 잠시 내려놓고, 그저 사람들을 바라보며 그들의 이야기를 듣는 연습이었다. **모든 사람은 각자 태어날 때부터 가진 무기가 있고, 그것을 갈고닦으며 빛을 낸다.**

나는 스스로에게도 물었다.

"내가 아직 발견하지 못한 무기는 무엇일까?"

그리고 다른 사람들에게도, 그들 스스로 발견하지 못한 능력과 장점을 찾도록 질문하고 경청하는 것이 코칭임을 다시금 깨달았다.

◆ 깨달음

사랑하는 사람들도, 평생 옆에 있을 것 같은 가족도, 언젠가는 우리 곁을 떠난다. 그 순간에는 '그때 이럴걸'이라는 후회나 안타까움이 아무 소용이 없다.

결국 중요한 것은 바로 **지금, 현존하는 순간** 속에서 나 자신과 주변을 바라보는 일임을 알게 되었다. 지금의 내 모습 그대로, 나를 인정하고, 깨어서 주변을 살피며 감사함을 느끼는 삶이 진정한 행복이라는 것을 깨달았다.

◆ 앞으로의 적용

앞으로 나는 코칭에서 배운 것처럼, **나 자신을 있는 그대로 바라보며 경청하고 질문하는 삶**을 살아가려고 한다.

판단과 비판을 내려놓고, 사람들을 그들의 빛나는 무기와 장점 속에서 바라볼 것이다.

주변 사람들과 지금 이 순간을 감사하며 함께하며, 스스로를 돌아보고, 깨어서 매 순간을 선택하며 살아가고자 한다.

삶은 결국 지금, 여기에 존재하는 순간들의 연속이다. 나는 오늘도 그 순간들을 사랑하며, 감사하며, 그리고 코칭을 통해 배운 경청과 질문의 힘으로 나와 주변 모두가 스스로의 가능성을 발견하도록 도울 것이다.

3) 모든 사람들에게는 긍정적인 의도가 있다

코칭을 받으면서 나는 자신이 가지고 있던 고정관념을 깨는 경험을 했다. 그중 하나는 바로 "**모든 사람에게는 긍정적인 의도가 있다.**"라는 새로운 시각을 받아들이게 된 것이다. 예를 들어, 나는 약속을 잘 지키는 사람이 책임감 있고 신뢰할 수 있는 사람이라고 생각했다. 하지만 어느 날, 내가 중요하게 생각하는 약속을 지키지 않은 사람을 만나게 되었다. 처음에는 그 사람이 나를 존중하지 않는다고 생각하며 마음속으로 불편함과 섭섭함이 차올랐다.

그럴 때, 코칭을 통해 나는 "**모든 사람에게는 긍정적인 의도가 있다.**"라고 말하는 방법을 배웠다. 처음에는 이 문장이 머리로는 이해가 갔지만, 마음속에서 그대로 받아들여지지 않았다. "**모든 사람에게는 긍정적인 의도가 있다.**"는 단순히 내 불편한 상황을 받아들이라는 말로 들렸고, 나의 패러다임에서 그 사람의 늦은 약속은 그냥 불성실함으로밖에 느껴지지 않았다. 그래서 계속 불편한 감정이 피어났다. 그 사람에 대한 원망이 커지고, 나의 마음은 계속 괴로웠다.

하지만 코칭을 통해 조금씩 시각이 바뀌었다. 내 마음의 불편함을 인정하면서도, 나는 그 사람이 약속을 지키지 못한 이유를 다르게 이해하려 노력했다. '모든 사람에게는 긍정적인 의도가 있다'는 문장을 떠올리면서 그 사람도 분명 그 나름의 이유가 있을 것이라고 사고를 전환했다. 약속에 늦은 그 사람은 정말 불성실해서가 아니라, 아마 그가 겪고 있는 상황에서 약속한 시간에 맞추는 것이 어려웠을 수도 있겠다고 생각한 것이다.

그러던 중, 나는 코치와의 대화를 통해 더욱 깊은 통찰을 얻었다. '다른 사람의 가치관과 신념은 나와 다를 수 있다. 그 사람이 약속에 늦은 이유는 그의 가치관이 나와 다르기 때문이며, 이를 이해하는 것이 중요하다.' 이런 통찰은 나의 패러다임을 크게 바꿨다. 그의 행동이 나와의 차이점에서 비롯된 것이라면, 나는 그 사람을 이해할 수 있고, 나의 감정을 다르게 받아들일 수 있다고 생각했다.

그래서 나는 다시 한번 "**모든 사람에게는 긍정적인 의도가 있다.**" "**그럴 수 있어.**"라고 마음속으로 되뇌며 그 사람을 이해하려고 노력했다. 그도 나와 같은 사람으로서, 나름의 고민과 이유를 가지고 있다는 점을 받아들인 것이다. 그리고 그로 인해 나의 마음은 점차 편안해졌다. 마음속에서 원망과 불편함을 떨쳐내고, 그에게 긍정적인 의도를 찾는 과정에서 나는 조금 더 넓은 시각을 갖게 되었다.

코칭을 통해 나의 패러다임을 전환하고, 다른 사람의 행동에 대해 긍정적인 의도를 찾으려고 노력하는 태도는 아주 중요하다. 그러므로 "**모든 사람에게는 긍정적인 의도가 있다.**" "**그럴 수 있어.**"라는 말은 단순한 구호가 아니라, 마음의 평화를 찾는 중요한 열쇠인 것이다.

3. 코칭 세션 - GROW 모델을 활용한 대화

◆ G - Goal(목표 설정)

코치 오늘 이 시간에 어떤 변화를 만들어 보고 싶으세요?

고객 직장에서 동료와의 관계가 힘들어요. 약속을 잘 지키지 않아 신뢰가 안 되고 불편합니다. 마음을 덜 상하게 하고 관계를 더 편하게 만들고 싶어요.

◆ R - Reality(현실 탐색)

코치 그 상황에서 어떤 감정이 가장 크게 올라오나요?

고객 존중받지 못한다고 느껴요. 시간과 에너지를 낭비하고 분위기가 흐트러지니, 그 동료와 일하는 게 싫어져요.

코치 그 감정 뒤에 중요한 가치는 무엇인가요?

고객 책임감과 상호 존중이요.

코치 지금 동료의 행동을 그 가치 관점에서 보면 어떻게 느껴지나요?

고객 불성실하게 느껴졌어요. 약속을 지키지 않는 것은 책임감이 없는 것 같아요.

◆ O - Options(선택지 탐색)

코치 혹시 다른 시각에서 바라본다면 어떤 가능성이 있을까요?

고객 제가 모르는 개인 사정이나 바쁜 일정이 있을 수도 있겠죠.

코치 그런 가능성을 생각하면서 "모든 사람에게는 긍정적인 의도가 있다." "그럴 수도 있겠다."라고 마음을 열면, 감정이

나 반응에 어떤 변화가 있을까요?

고객 조금 덜 답답하고 마음이 편해질 것 같아요.

◆ W – Will(실행 계획)

코치 그 깨달음을 바탕으로 일상에서 해볼 수 있는 작은 실천은 무엇인가요?

고객 동료의 행동을 바로 판단하지 않고, 잠시 멈춰 "내가 모르는 이유가 있을 수도 있다."라고 생각해 보겠습니다. 필요하다면 가볍게 이야기하며 오해를 줄여보려고 합니다.

◆ 마무리 – 코치의 간결한 축하 메시지

코치 오늘 스스로 선택한 통찰과 실천, 정말 멋집니다. 이 작은 변화들이 관계와 마음을 더 편안하게 만드는 힘이 되길 응원합니다.

정리

이 대화에서, 고객은 자신의 고정된 사고방식을 깨고 동료의 행동에 대한 새로운 시각을 가지게 되었다. 코치의 안내를 통해, 고객은 상황을 다른 관점에서 바라보는 방법을 배우고, "모든 사람에게는 긍정적인 의도가 있다." "그럴 수 있어."라는 표현을 통해 불편한 감정을 다루는 법을 익혔다. 결국, 고객은 더 넓은 시각에서 사람들을 이해하고, 감정을 좀 더 잘 조절할 수 있는 방법을 찾게 되었다.

4. 코칭 세션 - GROW 모델을 통한 감정 전환 실천

◆ G – Goal(목표 설정)

코치 오늘 이 시간에 어떤 변화를 만들어 보고 싶으세요?

고객 우울하거나 스트레스를 받을 때 감정을 너무 오래 끌고 가는 게 힘들어요. 그 감정을 조금 더 가볍게 전환할 수 있는 방법을 찾고 싶어요.

코치 감정을 더 부드럽게 다루고 싶으시군요. 그게 가능해진다면 고객님께 어떤 변화가 생길까요?

고객 기분이 하루 종일 가라앉지 않고, 제 일상도 훨씬 여유로워질 것 같아요.

◆ R – Reality(현실 탐색)

코치 지금은 그런 감정이 올라올 때 어떻게 반응하고 계세요?

고객 억누르지는 않아요. 그냥 그대로 느끼는데…. 그러다 보면 기분이 더 가라앉아요.

코치 그 방식이 어떤 점에서는 도움이 되고, 또 어떤 점에서는 어려움을 만들까요?

고객 감정을 억지로 막지 않아 좋지만 오래 지속되니까 점점 무기력해져요.

◆ O - Options(선택지 탐색)

코치 감정을 조금 더 가볍게 전환할 수 있는 방법에는 어떤 것들이 있을까요? 떠오르는 대로 편하게 말씀해 보세요.

고객 산책하거나 음악을 듣는 것? 아니면 표정을 바꿔보는 것도 생각나긴 하네요.

코치 여러 가능성이 보이네요. 하나 더 여쭤보고 싶은데, 감정과 신체가 연결되어 있다는 정보를 들어보신 적이 있을까요?

고객 아니요. 말씀해 주세요.

코치 신경과학에서는 웃는 표정처럼 간단한 신체 행동도 뇌가 긍정 신호로 해석해 감정이 조금씩 전환될 수 있다고 해요. 이 안내를 들으니 어떤 생각이나 아이디어가 떠오르시나요?

고객 기분이 가라앉을 때 억지로라도 미소를 지어보면 도움이 되겠다는 생각이 들어요.

코치 그 방법을 시도해 본다면 어떤 변화가 가능할까요?

고객 감정이 조금 더 가벼워지고, 우울함에 오래 머무르지 않을 것 같아요.

◆ W - Will(실천 계획)

코치 그 아이디어 중 지금 가장 해보고 싶은 실천은 무엇인가요?

고객 우울하거나 스트레스가 올라올 때 잠시 멈추고 미소를 지어볼게요. 그리고 하루에 감사한 일을 세 가지 떠올려 보면서 그 표정을 유지해 보면 좋을 것 같아요.

코치 멋진 계획이네요. 이 실천을 언제, 어떻게 시작해 보고 싶으세요?

고객 오늘부터 바로 해보려고요. 기분이 가라앉는 순간마다 잠깐 멈추고 10초라도 미소를 지어볼게요.

코치 그 실천을 선택하신 이유는 무엇인가요?

고객 작고 간단하지만 제가 스스로 감정을 바꿀 수 있는 방법 같아요.

◆ 마무리 - 코치의 간결한 축하 메시지

코치 오늘 스스로 탐색해서 선택하신 실천이 정말 인상 깊습니다. 작은 행동을 직접 찾고 실행하기로 결정한 점, 진심으로 축하드려요. 이 선택이 고객님의 감정을 더 편안하게 전환하는 힘이 되기를 응원합니다.

정리

고객은 우울하거나 스트레스를 받을 때 감정을 오래 끌고 가는 어려움을 이야기하며, 감정을 더 가볍게 전환할 방법을 찾고자 했다. 현재는 감정을 억누르지 않고 그대로 느끼지만, 오래 지속되어 무기력함을 느끼고 있었다.

코치와의 대화에서 고객은 감정과 신체가 연결되어 있다는 점을 배우고, 억지로라도 미소를 지으면 긍정적인 감정으로 전환될 수 있다는 아이디어를 떠올렸다. 이를 바탕으로 고객은 우울할 때 잠시 멈추고 미소를 짓고, 하루에 감사한 일을 떠올리는 실천 계획을 세웠다.

결국 **고객은 스스로 감정을 조절할 수 있는 구체적인 방법을 발견**하고, 작은 행동으로 긍정적인 변화를 만들어볼 수 있는 자신감을 얻었다.

2장

코칭의 기술을 활용하면서 일상을 살기

1. 경청 기술

◆ **경청 기술이란?**

경청 기술은 귀로 듣는 것이 아니라, 마음으로 상대의 말·감정·욕구를 듣고 공감하는 과정이다.

1) 경청 기술의 핵심

◆ **집중하기**

상대의 말에 100% 주의를 기울이고, 방해 요소(핸드폰, 잡생각 등)를 내려놓는다. 단순히 '무슨 말인지 이해'가 아니라, '이 사람이 지금 어떤 마음으로 말하는지'를 듣는 것이다.

◆ **언어적 메시지 듣기**

말의 내용, 단어 선택, 반복되는 표현 속에서 핵심 주제를 파악한다.

◆ **비언어적 신호 읽기**

표정, 목소리 톤, 말의 속도, 침묵 등을 통해 감정을 함께 읽는다.

◆ **공감과 반영(Paraphrasing & Reflecting)**

"그 말은 ○○라는 뜻이군요." "지금 ○○ 때문에 힘드신 거네요." 처럼 상대가 한 말을 정리·반영하며 공감한다.

◆ **숨은 의미 듣기(맥락 & 욕구 탐색)**

겉으로 드러난 불평·감정보다, 그 안에 담긴 욕구(존중, 안정, 성취 등)를 이해하려고 한다.

코칭에서의 효과

상대가 안전감과 신뢰를 느껴 더 깊이 이야기할 수 있다. 또한 코치가 질문과 피드백을 할 때 정확한 맥락을 잡을 수 있다. 결국, 상대가 자기 스스로 답을 찾도록 돕는 기반이 된다.

2) 라포 형성: 고객에게 답이 있다

나는 한 고객을 만났다. 그는 태중에 있을 때부터 교회와 인연을

맺고, 어린 시절 교회 어린이집에서 신앙교육을 받은 아이였다. 세월이 흘러 스무 살이 된 그를 다시 만났을 때, 그의 첫마디는 내게 깊은 충격을 주었다.

"하나님은 없어요. 과학만이 세상을 설명할 수 있어요."

나는 순간 마음이 무너졌다. 어린 시절 그에게 전했던 신앙과 가르침이 모두 부정당한 것처럼 느껴졌기 때문이다. 그러나 동시에 나는 스스로에게 코치로서 질문을 던졌다. '어떻게 하면 이 아이가 자신의 삶을 책임질 수 있는 믿음을 다시 세워갈 수 있을까?'

곰곰이 고민한 끝에 떠오른 답은 사랑이었다. **강요가 아닌 존중, 일방적 지도가 아닌 파트너십, 바로 그것이 코칭의 출발점**이기 때문이다.

코칭은 고객의 잠재력을 극대화하여 스스로 최선의 삶을 살아갈 수 있도록 돕는 수평적 관계다. 나는 고객의 신념을 바꾸려 하기보다, 그가 스스로 발견하고 깨닫도록 돕는 것을 우선 과제로 삼았다.

이를 위해 가장 먼저 시도한 것은 **라포 형성**이었다. 라포는 단순한 친밀감을 넘어, 서로의 마음이 통하고 안전하다고 느끼는 상태를 의미한다. 고객이 나를 신뢰해야만 자기 내면을 탐색할 용기를 낼 수 있기 때문이다.

나는 그가 좋아하는 보드게임을 함께하고, 차 안에서 음악 이야기를 나누며, 그가 열광하는 만화 캐릭터에 대해 질문하곤 했다. 처음에는 말수가 적던 그는 점차 대화 속에서 즐거움을 느끼고 자신의 이야기를 풀어내기 시작했다.

코칭 과정은 2년에 걸쳐 이어졌다. 고객은 자신의 능력에 확신을 가지지 못했고, 쉽게 자신감을 잃곤 했다. 그러나 나는 그가 지닌 관찰력이라는 강점에 주목했다. 함께 대화를 나누고 경험을 확장시키며, 그는 점차 자신의 강점을 활용해 자신감을 회복해 나갔다. 결국 그는 자기 가능성을 믿는 법을 배우게 되었다.

코칭은 단순한 기술이 아니다. 그것은 **고객의 가능성을 믿고 지지하며, 함께 성장하는 여정**이다. 나는 고객의 내면 탐색에 동행하며, 단순한 코치 이상의 파트너가 되었다.

그리고 어느 날, 그는 내게 이렇게 말했다.
"이제는 하나님이 제 삶에 함께하신다고 믿어요."
처음 만났을 때 과학만을 이야기하던 그가, 스스로 새로운 신념을 고백한 것이다. 나는 깨달았다. 내가 한 일은 진리를 주입한 것이 아니라, 그가 스스로 답을 발견하도록 곁에서 지지한 것뿐이었다.

정리

결국 내가 얻은 교훈은 명확하다.
"코치는 답을 알지 못한다. 답은 오직 고객 안에 있다."

코칭의 본질은 고객이 자기 안의 답을 찾아가도록 믿고 지지하는 것이다. 이것이 내가 경험을 통해 얻은 가장 큰 통찰이며, 앞으로도 지켜가야 할 코치의 태도이다.

2. 질문 기술

◆ **질문 기술이란?**

코칭에서 질문은 핵심 기술이다. 질문이 방향을 바꾸고, 스스로 답을 찾게 만들기 때문이다. 판단하지 않고 호기심으로 묻고 "왜?"보다는 "무엇/어떻게?"로 묻고(방어심 줄이기) 짧고 단순하게 던지고, 침묵을 기다리는 태도를 갖추어야 한다.

1) 질문 기술의 핵심

◆ **개방형 질문(Open Questions)**

"예/아니오"로 대답할 수 없는 질문. 이런 질문은 사고와 대화를 확장시킨다.

예: "무엇이 가장 중요하다고 생각하세요?"
"앞으로 어떻게 하고 싶으세요?"

◆ **강력한 질문(Powerful Questions)**

핵심을 찌르면서도 상대가 깊이 성찰하도록 돕는 질문. 짧고 단순하지만 큰 울림을 준다.

예: "지금 이 순간, 정말 원하는 것은 무엇인가요?"
"만약 두려움이 없다면, 무엇을 시도해 보시겠어요?"

◆ **확인 질문(Clarifying Questions)**

상대의 말을 분명히 이해하기 위해 다시 묻는 질문. 상대가 스스로도 생각을 정리하게 만든다.

예: "말씀하신 '변화'라는 건 구체적으로 어떤 걸 의미하시나요?"
"그때 느낀 감정이 정확히 어떤 건가요?"

◆ 확장 질문(Expanding Questions)

시야를 넓히고, 새로운 가능성을 탐색하게 돕는다.

예: "다른 방법은 없을까요?"
"만약 제한이 없다면, 무엇을 하고 싶으세요?"

◆ 행동 촉진 질문(Action-Oriented Questions)

구체적인 실행으로 이어지게 하는 질문.

예: "그 목표를 위해 오늘 당장 할 수 있는 작은 한 가지는 무엇일까요?"
"첫걸음을 내딛기 위해 누구의 도움이 필요할까요?"

◆ 자기 성찰 질문(Reflective Questions)

과거 경험이나 감정을 돌아보게 하여 통찰을 얻도록 한다.

예: "그 경험에서 배운 가장 큰 교훈은 무엇이었나요?"
"스스로 가장 자랑스러웠던 순간은 언제였나요?"

2) 대학원 공부를 해야 할까?

나는 1년 동안 대학원에 가야 할지 말아야 할지 고민하고 셀프 코칭과 타인과 코칭을 하면서 나를 성찰하는 시간을 가졌다. 그래서 나 자신의 내면을 깊이 탐색하고 나의 가치관과 목표에 맞는 결정을 내리도록 도와주는 질문을 하였다.

◆ **개방형 질문(Open Questions)**

당신의 장기적인 목표는 무엇인가요?

대학원 진학이 그 목표와 어떻게 연결되나요?

대학원에 가지 않는다면 어떤 다른 길을 갈 수 있을까요?

→ 방향 열기

◆ **강력한 질문(Powerful Questions)**

지금 이 순간 대학원을 고민하는 이유는 무엇인가요?

만약 내일 결정을 내려야 한다면, 어떤 선택을 하시겠습니까? 왜 그렇습니까?

대학원에 가는 것이 정말 당신에게 가장 좋은 선택일까요?

→ 본질 찌르기

◆ **확인 질문(Clarifying Questions)**

대학원에서 배우고 싶은 특정 분야나 주제가 있나요?

말씀하신 '걱정되는 점'이 구체적으로 어떤 상황을 의미하나요?

대학원 진학 준비(경제·시간·정신적 측면)가 어느 정도 되어 있다고 느끼나요?

→ 구체화하기

◆ **확장 질문(Expanding Questions)**

대학원 진학 후 5년, 10년 후의 당신은 어떤 모습일까요?

제한이 없다면(시간, 돈, 조건) 지금 어떤 선택을 하시겠습니까?

대학원 외에 당신의 목표를 이루는 다른 방법은 무엇이 있을까요?

→ 시야 넓히기

◆ **행동 촉진 질문(Action-Oriented Questions)**

대학원에 가기로 했다면, 오늘 당장 준비할 수 있는 작은 한 가지는 무엇일까요?

예상되는 도전을 감당하기 위해 어떤 지원이나 자원이 필요할까요?

불확실성을 줄이기 위해 이번 달 안에 할 수 있는 현실적인 행동은 무엇일까요?

→ 실행 연결

◆ **자기 성찰 질문(Reflective Questions)**

대학원 진학 이유는 외적인가요(사회적 기대, 가족 권유), 내적인가요(자기계발, 연구 열정)?

대학원 진학이 당신의 인생에서 어떤 의미를 갖게 될까요?

대학원에 가지 않았을 때 후회할 것 같은 점은 무엇일까요?

대학원에 갔을 때 후회할 것 같은 점은 무엇일까요?

→ 내면 탐구

정리

코칭의 질문 기술은, 답을 주기보다 **상대가 스스로 답을 발견하도록 돕는 열린·강력·성찰적 질문의 예술**이다.

3. 피드백 기술

◆ **피드백 기술이란?**

피드백 기술은 상대의 인격이 아닌 구체적인 행동에 초점을 맞추고, 그 행동이 미친 영향과 감정을 솔직히 전달하며, 바람직한 결과나 행동을 명확히 제안하는 소통 방식이다.

1) 피드백 기술의 핵심

◆ Action(행동)

사람 자체가 아닌, 구체적 행동에 집중한다.

◆ Impact(영향)

그 행동이 미치는 감정과 결과를 솔직히 전달한다.

◆ Desirable outcomes(바람직한 결과)

원하는 행동과 태도를 명확히 요청한다.

2) 남편과 함께한 하루

이번 경험은 나에게 AID 피드백의 힘을 보여주었다.

아침 8시, 나는 인테리어 작업을 하는 남편을 따라 트럭 조수석에 앉았다. 이미 얼굴에는 피로가 묻어나 있었고, "왜 이리 일이 안되는 거야."라는 짜증 섞인 말이 차 안을 채웠다. 그의 감정이 나에게도 전이되면서 숨이 무거워졌다.

거칠게 운전하는 남편, 붉으락푸르락한 얼굴, 끊임없이 올라오는 짜증. 순간, 나는 마음속으로 기도를 시작했다.

'남편의 화, 그 안에 담긴 욕구는 무엇일까? 언제 그는 가장 힘들어 할까?'

페인트와 도구를 챙겨 학교에 도착하자, 3층으로 올라가 작업을 시작했다. 하지만 남편의 잦은 짜증은 계속되었고, 상황은 점점 긴박해졌다. 오늘은 1차 작업을 12시에 끝내야 했지만, 이미 시간이 촉박했고, 두 교실의 페인트 작업과 한 교실 철거가 남아 있었다. 남편의 화는 폭발 직전이었다.

그때, 남편은 사자처럼 으르렁거리며 말했다.

"바닥에 칠할 페인트가 없어! 다시 1시간을 가야 해."

나는 속으로 '이러다 더 늦어지겠구나.'라고 생각하며, 조심스럽게 물었다.

"여보, 일이 계획한 시간 안에 원하는 대로 진행되지 않아서 화가 나는 거예요?"

"맞아. 아침 7시에 출발했어야 했어."

"그럼, 7시에 출발했다면 무엇이 달라졌을까요?"

"지금쯤 2층과 3층의 페인트 작업을 다 마치고, 점심을 웃으며 먹고 있었을 거야."

"그다음은요?"

"벽 작업을 하고 5시에 집에 가서 쉬는 거지."

"쉬는 것은 어떤 의미예요?"

"내일을 위해 충전하는 거야."

"그렇다면 오늘은 어떻게 사는 것이 좋을까요?"

잠시 침묵이 흘렀다. 나는 그 침묵 속에서 담담하게 말했다.

"나는 당신과 함께 일하는 시간이 중요하고, 시간에 쫓겨 힘들어하는 모습은 보고 싶지 않아요. 당신이 화가 나면 저도 기분이 우울해져요. 저는 오늘 저녁 10시에 집에 가도 괜찮아요. 오늘을 즐기면서, 화내지 않고 편안하게 일할 수 있을까요?"

남편은 잠시 생각하다가 차분하게 말했다.

"그래, 오늘을 위해서 살자. 함께 일하니 행복하게."

그 말을 듣자, 남편의 얼굴에는 편안함이 찾아왔고, 우리는 웃으며 남은 작업을 마칠 수 있었다.

◆ Action(행동)

"여보, 일이 계획한 시간 안에 원하는 대로 진행되지 않아서 화가 나는 거예요?"

→ 남편의 '짜증'이라는 구체적 행동을 지적하되, 인격 비난이 아니라 사실적 관찰로 표현한다.

◆ Impact(영향)

"나는 당신과 함께 일하는 시간이 중요하고, 시간에 쫓겨 힘들어하는 모습은 보고 싶지 않아요. 당신이 화가 나면 저도 기분이 우울해져요."

→ 남편의 행동이 나에게 어떤 감정과 영향을 주는지 솔직히 전달한다.

◆ Desirable outcomes(바람직한 결과)

"저는 오늘 저녁 10시에 집에 가도 괜찮아요. 오늘을 즐기면서, 화내지 않고 편안하게 일할 수 있을까요?"

→ 구체적으로 '원하는 태도(편안하게, 즐기면서 일하기)'를 제안하며, 바람직한 선택을 요청한다.

정리

관찰과 질문, 그리고 피드백을 통해, 남편은 스스로 오늘을 즐기는 선택을 할 수 있었다. 나 또한 감정 전이에 휘둘리지 않고, 그와 함께 현장에서 행복을 경험할 수 있었다. 코칭은 단순한 문제 해결이 아니라, **상대가 자신의 감정을 인식하고 선택할 수 있도록 돕는 과정**임을 깊이 깨달았다.

4. 인정 기술

◆ **인정 기술이란?**

인정 기술이란 상대를 판단하지 않고 있는 그대로 바라보며, 그의 강점과 가능성을 발견해 진심 어린 언어로 존중과 지지를 표현하는 기술이다.

1) 인정 기술의 핵심

◆ **있는 그대로 본다**

상대의 모습과 상황을 판단하지 않고 바라본다.

◆ **가치와 강점을 본다**

상대의 내면에 담긴 장점과 가능성을 발견한다.

◆ **말과 행동을 인정한다**

상대가 표현한 생각·감정·행동을 사실대로 받아들인다.

◆ **존재 자체를 존중한다**

잘하거나 못하는 것과 상관없이 존재 그 자체로 소중하다고 여긴다.

◆ **진심으로 표현한다**

마음에서 우러나온 따뜻한 언어로 인정과 지지를 전한다.

2) 남편 인정하기

2025년 2월 17일, 나는 딸과 함께 남편의 일을 돕기 위해 아침 5시 30분에 안양에 있는 초등학교로 가기로 약속했다. 남편의 일을 도와주기 시작한 지 벌써 3주째가 되었다. 그동안 6번 정도 그를 따라가며 그의 일하는 모습을 지켜보았고, 어떻게 도울 수 있을지 고민하기 시작했다.

남편은 모든 일에 시간을 정해 놓고 체계적으로 처리하려고 한다. 일이 어긋나면 자신에게 화를 내고, 자신의 이름을 부르며 답답해하는 남편을 보게 된다. 그가 왜 시간을 쪼개며 싸우듯이 일을 하는 것일까 궁금했다. 그래서 그에게 이렇게 물어보았다.

"화가 나지 않으려면 어떻게 일을 하면 좋을까요?"

"조금 더 이 시간을 즐기면서 일을 할 수 있는 방법은 무엇일까요?"

남편은 대답하지 않았다.

다시 방법을 바꾸어서 **인정 기술로 남편을 존재로 인정하기**로 했다.

◆ **일을 빠르게 처리하는 남편**

"우리 여보는 시간을 쪼개며 체계적으로 일을 처리하니, 남들보다 훨씬 더 효율적으로 일하시네요. 그 덕분에 3배 빠르고, 3배 더 많은 일을 해내시네요! 정말 대단해요!"

◆ **후진을 능숙하게 운전하는 남편**

"역시 우리 태평양(남편의 애칭)은 정말 대단해요! 운전할 때 항상 차분하고 침착하게 상황을 처리하잖아요. 다른 사람들처럼 급하게 반응하지 않고, 늘 안전을 최우선으로 생각하며 운전하는 모습이 정말 멋져요. 역시 최고예요."

◆ **짜증나는 딸의 이야기를 받아주는 남편**

"당신은 항상 딸에게 다정하고 따뜻한 마음을 전하는 사람이에요. 당신의 배려 깊은 말과 행동은 딸에게 큰 영향을 미쳐, 언제나 긍정적이고 자신감 넘치는 아이로 자라날 수 있게 만들었어요. 정말 멋진 아빠예요!"

◆ **피곤한데도 친정에 가 주는 남편**

"오늘도 피곤한 하루였을 텐데, 집에 와서도 힘든 기색 없이 함께 우리 엄마 집에 가서 남동생과 즐겁게 이야기 나누는 모습을 보니 정말 대단해요. 언제나 가족에게 기쁨을 주고, 함께 시간을 보내는 것에 소중함을 느끼게 해주어 정말 고마워요."

그렇게 그를 인정하기 시작한 지 일주일이 지났다.

남편은 딸과 함께 내일 일을 잘하기 위해 필요한 물건들과 효율적인 일 처리 방법에 대해 이야기를 나누며, 준비물을 가족 톡방에 남겼다. 그 메시지 끝에는 '기쁜 마음을 꼭 챙겨야 한다'고 적혀 있었다.

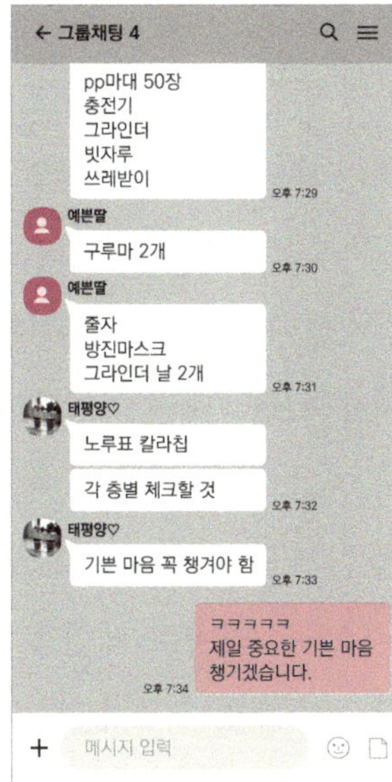

그날 일들은 순조롭게 빠르게 일들이 진행이 되어 남편은 한 번도 자신에게 화를 내지 않았으며, 집에 오는 차 안에서는 오늘 일들이 척척 진행이 되었다고 서로 칭찬하고 격려하는 시간을 가지게 되었다.

3) 딸과 이야기

2025년 2월 20일, 나는 딸, 남편과 함께 페인트칠을 하기 위해 새벽 5시 30분 성남의 한 초등학교로 출발했다. 차 안에서 남편은 콧노래를 흥얼거리며 말했다.

"와이프랑 딸이랑 새벽에 함께 나가니 여행 가는 기분이야."

피곤했지만 나는 마음을 다잡으며 속으로 되뇌었다.

'그래, 여행 간다는 마음으로 가자.'

학교에 도착한 후, 남편은 1층에서, 나는 딸과 함께 5층에서 작업을 시작했다. 마치 도화지 한 면을 색칠하듯, 우리는 페인트로 하루를 채워 나갔다.

그런데 시간이 지나고 페인트가 마르면서, 5층에서 바라본 아래쪽 벽의 페인트 색이 기존의 벽과 크게 달라 보였다. 나는 딸에게 말했다.

"4층은 어떤지 보고 올게."

예상대로, 벽의 색상 차이가 크게 두드러졌다. 상황이 심각해져 급히 1층으로 내려가 남편에게 알렸다.

"여보, 가장 아래의 페인트 색이 기존 색과 많이 달라요. 어떻게 해야 할까요?"

남편은 곧바로 페인트 가게에 전화를 돌려 기존 색과 가까운 색을 찾으려 애썼다. 나는 다시 5층으로 올라가 딸에게 상황을 설명하려 했다.

그러나 5층에 올라가 보니 딸이 보이지 않았다. 정리를 하며 기다리던 순간, 딸이 겁에 질린 얼굴로 계단을 뛰어 올라왔다.

"엄마 어디 갔다 온 거예요? 걱정했잖아요!"

예전 같았으면 나는 웃으며 "무슨 걱정이야, 엄마가 어디 가겠니?"라고 가볍게 넘겼을 것이다. 하지만 이제 나는 코치로서 인정 기술을 활용해 이렇게 답할 수 있었다.

"아이고, 딸이 엄마를 걱정하느라 많이 힘들었구나? 엄마를 걱정해 주니 엄마는 더 사랑받는 느낌이 들어서 행복하네. 고마워. 엄마가 왜 걱정이었을까?"

그러자 딸은 조심스럽게 고백했다.

"엄마가 아침에 아프다고 하셨는데, 안 오시니까 기다리다가 혹시 아파서 못 올라오는 줄 알았어요."

나는 딸의 감정을 더욱 깊이 이해하며 말했다.

"4층에 내려간다고 하고 너무 오래 돌아오지 못해서 많이 걱정되게 했구나. 엄마가 미안해."

그 순간, 나는 아이의 감정을 인정하고 존중하는 방식으로 공감하는 법을 실천하고 있었다. 잠시 후, 딸은 웃으며 말했다.

"엄마! 오늘은 안 피곤하네!"

그 말과 함께 딸은 한결 밝아진 모습으로 더 열심히 일을 이어갔다.

이 경험을 통해 나는 다시금 깨달았다. **코칭은 나를 성장하게 만들고, 주변을 더 세심히 관찰하고 돌볼 수 있게 한다.** 무엇보다 상대의 감정을 인정하고 존중하는 작은 대화가 서로의 마음을 연결하는 가장 큰 힘임을 알게 되었다.

4) 여동생 인정하기

아들이 군 복무 중 휴가를 나왔다. "제일 하고 싶은 게 뭐야?"라고 묻자, 아들은 잠시 생각하더니 미소 지으며 대답했다.

"카페 가서 케이크 먹기요."

그 말에 나도 덩달아 기분이 좋아졌다. 군 생활의 고단함 속에서도 휴가는 잠시나마 자유를 누릴 수 있는 소중한 시간이기 때문이다. 나는 아들과 딸, 그리고 여동생과 함께 카페로 향했다. 넓은 들판과 산을 배경으로 자리 잡은 카페에서 커피와 케이크를 먹으며 이야기를 나누는 동안, 여동생이 아들에게 물었다.

"철민이는 아빠를 어떻게 생각해?"

아들은 잠시 머뭇거리다 진지하게 대답했다.

"옛날에는 아빠의 모습이 실망스러워서 '엄마는 왜 아빠랑 살까?' 라고 생각했어요. 그런데 지금은 달라요. 아빠였기에 엄마의 고집을 받아주고 함께 살아올 수 있었다고 생각해요. 아빠의 인내심이 정말 놀라워요."

그 순간 나는 깊은 울림을 받았다. **코칭을 배우며 상대의 마음속 욕구를 바라보는 연습을 해온 덕분**에, 남편이 내 삶에서 어떤 의미 있는 역할을 해왔는지를 새삼 깨달았다. 그래서 아들에게 말했다.

"그때는 몰랐지만 이제는 알겠어. 남편이 내 곁에서 나를 빛나게 해준 존재였다는 걸. 예전에는 불편했던 그의 행동이 이제는 이해되고, 오히려 더 사랑스럽게 느껴져."

그때 여동생이 조용히 자신의 고민을 꺼냈다.

"언니, 나는 가끔 과거에 매여 있는 것 같아. 겉으로는 괜찮다고 하지만 속으로는 계속 과거 속에서 또 생각하고 생각하다 보니, 더 우울해지곤 해."

나는 동생이 이야기가 끝나자마자 충고하듯이 말했다.

"그러게 왜 자꾸 생각을 하니? 이미 끝난 문제잖아."

그 순간, 딸이 불쑥 말했다.

"엄마! 이모가 과거를 떠올린다잖아요. **그냥 인정해 주세요!**"

그 말을 듣는 순간 정신이 번쩍 들었다. 맞다. 여동생에게 필요한 건 내 조언이나 가르침이 아니라, 그의 아픔을 있는 그대로 인정하는 것이었다. 나는 조심스럽게 말했다.

"그래, 과거 때문에 힘들구나. 자꾸 떠올리게 되는구나. 그럴 수 있지. 어떻게 하면 그 생각들이 점점 사라질 수 있을까?"

동생은 자신의 감정을 인정받으면서 스스로 과거를 떠나보내는 방법을 찾기 시작했다.

순간, 내 마음도 한결 가벼워졌다. 나는 여동생에게 늘 답을 주려 하고, 방법을 가르치려 했던 모습을 떠올렸다. **'있는 그대로 인정해 주세요.'**라고 다른 사람들에게 말하면서도, 정작 가장 가까운 이에게는 인정하지 못하고 있었던 것이다.

그날 이후 나는 스스로에게 질문했다.

"언제쯤이면 나는 자연스럽게 인정할 수 있을까?"

비록 완전하지는 않지만, 2년 동안 배운 코칭 덕분에 순간을 빨리 알아차리고 다시 인정할 수 있었던 것에 감사했다. 그것이 곧 나의 성장임을 느꼈다. 무엇보다 여동생의 이야기를 있는 그대로 받아들였던 그 순간, 우리 사이에 따뜻한 연결이 생겼다.

그날 이후 나는 의식적으로 더 자주, 더 진심으로 주변 사람들을 인정하려고 노력한다. 코칭을 통해 얻은 가장 큰 배움은 이것이다. 사람과의 관계에서 중요한 것은 가르침이 아니라, **그들의 존재를 있는 그대로 받아들이는 인정**이라는 사실이다.

이제 나는 아들과 딸, 그리고 여동생에게 이렇게 말할 수 있다.

"너희들은 정말 대단해. 있는 그대로, 그 모습 그대로 존재하는 것만으로도 충분히 소중하고 사랑스러워."

그 말을 전할 때마다 나의 마음은 더욱 따뜻해지고, 사람들에 대한 감사가 더욱 깊어진다. **인정이란 결국 내 안의 에고를 내려놓고, 상대를 온전히 받아들이는 과정임을 통찰한 것이다.**

5) 목욕탕에서

행복이란 무엇일까?

2025년 3월 1일, 나는 여동생과 함께 동네 목욕탕을 찾았다. 땀을 빼고 싶어 찜질방에 들어갔는데, 그곳에서 한 중년의 여성과 짧은 대화를 나누게 되었다.

"오늘은 3시간이나 지나서야 때를 밀어 보네요. 이렇게 오래 기다린 건 생애 처음이에요. 사람이 너무 많아서… 이럴 줄 알았으면 오지 않았을 거예요."

중년 여성의 말에 나는 놀라며 물었다.

"와, 3시간을 기다리시다니 인내심이 정말 대단하시네요. 어떤 힘으로 그 시간을 버티실 수 있었나요?"

그녀는 환하게 웃으며 대답했다.

"남편이 오늘 예쁜 신발을 사주고, 맛있는 김치찌개도 점심으로 먹고, 오후 두 시에 여기까지 데려다줬거든요. 그래서 기분이 좋아요."

나는 다시 공감하며 말했다.

"아, 예쁜 신발과 맛있는 점심 덕분에 기분이 좋으셨군요."

그러자 그녀는 더 밝은 얼굴로 덧붙였다.

"이렇게 제 이야기를 잘 들어주고, 인내심이 대단하다고 말해주니 기분이 더 좋아지네요. 다른 사람들은 '뭐 하려고 3시간이나 기다리냐', '얼른 집에 가라'고만 하는데 말이에요."

그 순간 나는 깨달았다. 코칭은 단순히 문제를 해결하는 과정이 아니다. 오히려 상대를 있는 그대로 바라보고, 그 사람의 경험과 감정을 존중하며 인정하는 과정이다. 누군가의 기다림을 비난하기보다, 그 기다림 자체를 존중하고 '대단하다'는 한마디를 건네는 것, 바로 그것이 코칭의 본질이라는 생각이 들었다.

코칭은 상대의 삶을 대신 바꾸어주는 것이 아니다. 그보다는 그 사람이 지닌 의미와 감정을 존중해 주고, **존재 자체를 인정해 주는 것**이다. 짧은 대화 속에서 나는 '듣고 인정하는 것'만으로도 상대의 마음에 행복이 피어날 수 있다는 사실을 다시금 깊이 느꼈다.

구체적인 인정이란?

칭찬과 인정은 비슷해 보이지만, 그 의미와 효과에서 차이가 있다.

구분	칭찬	인정
의미	상대방의 **행동이나 성과**를 긍정적으로 평가하고 표현하는 것.	상대방의 **감정**, **노력**, **상황** 등을 인정하고 그 사람을 존중하는 것.
초점	주로 행동이나 결과에 초점이 맞춰짐.	사람과 그 사람이 겪고 있는 상황에 초점이 맞춰짐.
목적	성과나 행동에 대한 긍정적인 피드백을 통해 동기 부여를 제공.	사람을 존중하고 그들의 감정을 이해하며, 긍정적인 관계를 형성.
주로 사용되는 상황	성취, 결과가 있을 때(업무 성과, 학업 성취 등).	감정적 지원이나 이해가 필요할 때(힘든 상황, 감정적 어려움 등).
예시 ①	"너 정말 열심히 일했어, 대단해!"	"너는 항상 힘든 상황에서도 잘 이겨내려는 모습을 보여줘서 존경해."
예시 ②	"이번 프로젝트 잘 마무리했네, 수고했어!"	"너의 노력은 정말 대단하고, 그 동안의 고생이 정말 잘 보여."
예시 ③	"너 진짜 잘했다! 결과가 너무 좋다!"	"이 어려운 상황에서도 계속해서 최선을 다하는 모습을 보니, 정말 대단해."

예시 ① 감정적 지원이 필요한 상황

칭찬: "너 정말 열심히 일했어, 대단해!"

칭찬은 그 사람이 한 일에 대해 긍정적으로 말해주지만, 감정적 지지를 표현하는 데는 한계가 있을 수 있다.

인정: "너는 항상 힘든 상황에서도 잘 이겨내려는 모습을 보여줘서 존경해."

즉, 사람의 감정과 노력, 상황을 이해하고, 그 자체를 인정하는 방식입니다.

예시 ② 업무 성과 관련 예시

칭찬: "이번 프로젝트 잘 마무리했네, 수고했어!"

이 예시는 프로젝트의 결과에 대한 긍정적인 평가이다. 특정 성과를 인정하는 방식이다.

인정: "너의 노력은 정말 대단하고, 그동안의 고생이 정말 잘 보여."

즉, 성과보다는 그 사람의 노력과 과정을 인정하는 것이다. 사람 자체를 존중하고, 그가 겪었던 힘든 일들을 이해하는 표현이다.

예시 ③ 힘든 시기에서의 차이점

칭찬: "너 진짜 잘했다! 결과가 너무 좋다!"

이 경우는 결과나 성과에 대한 칭찬이다.

인정: "이 어려운 상황에서도 계속해서 최선을 다하는 모습을 보니, 정말 대단해."

즉, 그 사람의 감정과 상황을 이해하고, 그 사람의 태도와 끈기를 인정하는 표현이다. 단순히 결과뿐만 아니라 그가 겪은 어려움을 인정하는 것이다.

따라서 칭찬은 주로 결과와 행동에 대해 긍정적으로 평가하는 것이며, **인정은 그 사람 자체와 그 사람이 겪고 있는 감정이나 상황에 대해 존중하는 방식**이다.

삶의 마지막 여정에서

김은정

1. 말 안 해도 알지, 그걸 말해야 아나…
2. 삶의 마지막에서 만난 진정한 용기
3. 함께 걸어갈 길, 존중에서 피어나는 신뢰
4. 다시 던지는 공, 다시 웃는 얼굴
5. 혼자서도 괜찮은 삶
6. 빨리 끝나야 한다는 말 뒤에 숨은 사랑
7. 그럼에도 불구하고, 내가 이 길을 걷는 이유

1. 말 안 해도 알지, 그걸 말해야 아나…

오늘 배○○ 님의 상태가 며칠 전보다 좋아 보인다. 그러나 나는 '좋다'라는 표현을 '구토와 통증이 어느 정도 멈추고, 미소를 지으며 나를 반겨주셨다'는 의미로 받아들인다.

배○○ 님은 84세로, 위암 말기 환자로 호스피스에 등록되어 있으며, 나는 가정형 호스피스 간호사로서 집에서 생활하는 말기암 환자들을 방문하며 하루에 수십 킬로미터를 운전해 이들을 돌보고 있다.

배○○ 님을 처음 방문했던 지난주부터, 매번 언덕에 있는 5층 높이의 아파트를 올라가며 처치 가방, 영양제, 수액걸이 등을 준비해야 했다. 다행히 2층에 살고 계셔서 내려가고 올라가는 데 큰 부담은 없었지만, 그 어떤 높이의 아파트든 나에게는 체력을 키울 수 있는 기회가 된다. 나는 일주일에 두 번씩 배○○ 님을 방문하고 있으며, 그 집엔 부인과 함께 작은아들과 살고 있다. 작은방에 은둔하듯 살아온 아들은 20년을 그곳에서 지내고 있으며, 그 아들은 이 부부에게 있어 가슴에 오랫동안 박혀있는 묵직한 돌덩이 같은 아픈 존재이다.

배○○ 님은 요즘 식사는 제대로 하지 못하고, 통증은 점점 심해지고 있다. 그래서 나는 방문할 때마다 영양제를 놔드리고, 진통제를 조절해 드리며, 또한 환자분이 어떤 삶을 살아오셨는지 이야기를 나눈다. 그 이야기 속에서 나는 단순히 치료를 넘어, 그분의 삶의 이야기를 들을 수 있는 기회를 얻고, 그분의 인생을 작은 그림처럼 그려간다.

배○○ 님은 예전에 대천에서 공무원으로 생활하다가, 자녀들의 교육을 위해 큰 도시로 이사 오셨다. 부인은 재래시장에서 리어카를 끌고 야채를 팔며 가정을 꾸려나갔다. 환자분은 건축 현장에서 일을 했지만, 기술이 부족해 많은 사람들에게 무시당했다고 한다. 그러나 그는 그 어려운 환경 속에서도 어머니를 모시고, 아이들을 키우며 쉬는 날 없이 일했다. 그리고 힘들게 살아온 나날들을 되새기며 그 삶에 대한 고단함을 토로하셨다.

"너무 힘들게 살았어. 대천에서는 공무원이라 인정도 받았는데, 건축 현장에서 일할 때는 무시도 많이 받았어. 소장인 처남도 날 대놓고 무시하고…."

그 말속에는 과거의 자랑스러운 모습, 인정받았던 시절을 그리워하는 마음이 담겨 있다. 그러나 그는 더욱 중요한 사실을 인정하고 싶어 하는 것처럼 보였다. 자녀들의 교육을 위해 도시로 이주한 결정이 잘한 선택이었음을, 그리고 그 선택을 통해 아이들이 훌륭하게 자라기를 바라는 마음을 느낄 수 있었다.

"도시로 나오기로 결정하는 것이 정말 어려우셨을 텐데, 아이들 교육을 위해 안정된 직장을 내려놓고 고생을 예상하시면서도 그 결정을 하셨다고 하셨죠. 정말 자녀들을 향한 큰 사랑이 느껴지네요."

그때, 부인이 옆에서 말을 꺼내셨다.

"그런데, 사는 것이 너무 힘들었어, 매일매일…. 아이들도 4명이고, 시어머니도 있고, 매일 쉬는 날 없이 장사를 나갔지. 그때 좀 쉬면서 할걸. 일을 너무 많이 해서 허리도, 무릎도 안 좋았고…."

그렇게 고생하면서도, 부인은 삶의 고통을 이야기하며 애써 눈물을 참으셨다. 그 말씀 속에서 나는, 그들이 겪은 모든 고난과 애환이, 서로의 마음속에서 어떤 무게로 남아 있을지를 깊이 느꼈다.

"어머니, 시어머니도 모시고 아이들도 4명이나 키우시면서 정말 힘드셨겠어요. 매일 장사하며 힘들게 사셨죠. 그런데도 이렇게 남편을 돌보시고…. 정말 대단하세요."

그때, 어머니의 얼굴에 묻어난 피로와 서러움이 눈에 들어왔다. 나는 일부러 질문을 던졌다.

"어머니, 언제가 가장 행복하셨나요?"

그 질문은 단순한 궁금증에서 나온 것이 아니었다. 오히려, 어머니가 행복한 순간을 떠올리며 그 속에 담긴 감정을 함께 느끼고 싶었기 때문이다. 하지만, 어머니는 예상치 못한 대답을 하셨다.

“가장 행복했을 때? 행복했을 때가 한 번도 없었어. 삶이 지옥 같았지.”

그 말씀을 들은 나는 마음이 무겁게 내려앉았다. 대부분의 사람들이 행복했던 순간을 기억하려 하지만, 이 어머니는 그마저도 어렵다는 말을 했다. 그럼에도 불구하고, 나는 다시 묻고자 했다.

“어머니, 살면서 가장 힘든 순간은 언제였나요?”

그 질문에 대한 대답은 예상과 달리 “나는 욱하는 남편과 사는 것이 너무 힘들었어….”라는 고백이었다. 남편의 성격과 그로 인해 겪은 고통을 털어놓는 순간, 나는 그들의 마음속 깊은 곳에 숨어 있던 갈등과 분노가 서서히 드러나는 것을 느꼈다.

“평생을 이렇게 살면서, 나를 고생시키고 또 힘들게 만들어. 이제는 요양병원에 가는 게 낫겠어.”

부인이 아픈 남편 앞에서 이야기하는 것이 미안했는지 말을 더 이상 이어가지 않자, 나는 고개를 끄덕이며 조용히 그들의 이야기를 들었다. 그리고 다시 질문을 던졌다.

"어머니는 남편에게 어떤 말을 듣고 싶으세요?"

그 대답은, '고맙다'는 말이었다. 60년을 함께 살아온 남편에게 한 번도 들을 수 없었던 그 말이었기에, 어머니는 그 말을 간절히 듣고 싶어 하셨다.

남편은 영양제를 맞고 있는 손으로 부인의 손을 잡으며 기운 없는 목소리이지만 천천히 마음을 다해 이야기하셨다.

"말 안 해도 알지. 그걸 말해야 아나…. 고마워… 당연히 고맙지. 내가 행복하게도 못 해 주고 고생만 시켰는데…. 끝까지 내 대소변을 다 치우게 하고 내가 너무 미안하지. 말 안 해도 알지. 꼭 말해야 아나…."

잠시 후 눈을 감고 통증이 오는 듯한 표정으로 말없이 쉬었지만, 그가 말할 수 있는 모든 말을 다 했다는 듯한 느낌이 들었다.

그 순간, 나는 이 부부의 긴 세월 속에 숨겨진 사랑과 미안함이 표현되는 것을 보았다. 서로가 서로에게 미안하고, 사랑했으나 그것을 표현하지 못한 시간들. 이제는 말없이 알 수 있는 시간이 지나버렸다는 사실이 더 깊이 와닿았다.

이후, 배○○ 님은 상태가 악화되어 병원에 입원하셔서 더 이상 집으로 방문을 하지 않게 되었다.

어머니는 남편이 떠난 후, 그동안 고마웠다며 다시 나에게 감사의 말을 전했다.

장례를 치르신 후 10여 일 지나 사별 방문을 갔다. 그의 부인은 그 후로 남편의 마지막 말을 기억하며 하루하루를 보내고 있다. '고맙다'는 한마디가 그들의 긴 세월을 완성한 것이다.

나는 사별 방문을 마치고 더 이상 올라가지 않아도 되는 마지막 언덕길을 내려왔다. 인생은 마치 이 길과 같은 것 같다. 함께 올라가고, 함께 내려오지만, 도착하는 시간은 저마다 다를 뿐. 먼저 떠난 사람은 기다리고, 남아 있는 사람은 그 길을 따라간다.

서로 간에 마음을 전하는 말은 이 언덕길과 같은 인생을 함께 올라가고 함께 내려올 때 힘이 들어도 서로에게 의지할 힘을, 고단한 인생이라 할지라도 삶의 팍팍함 속에 살아갈 힘을 주는 것 같다.

ICF 핵심 역량

① 윤리적 실천

환자 존엄성 존중, 돌봄과 대화 병행, 진실성 있는 태도.

예: "나는 방문할 때마다 영양제를 놔드리고, 진통제를 조절해 드리며, 또한 환자분이 어떤 삶을 살아오셨는지 이야기를 나눈다."

② 코칭 마인드셋

성찰적 태도, 호기심, 열린 마음으로 배우려는 자세.

예: "그 이야기 속에서 나는 단순히 치료를 넘어, 그분의 삶의 이야기를 들을 수 있는 기회를 얻고…." "나는 일부러 질문을 던졌다."

③ 합의 도출과 유지

대화를 통해 서로의 기대·필요 탐색, 관계적 합의 형성.

예: "어머니, 살면서 가장 힘든 순간은 언제였나요?"
"어머니는 남편에게 어떤 말을 듣고 싶으세요?"

④ 신뢰와 안전감 조성

안전한 공간 마련, 공감적 태도, 신뢰를 바탕으로 한 개방.

예: "나는 고개를 끄덕이며 조용히 그들의 이야기를 들었다."
"남편은 영양제를 맞고 있는 손으로 부인의 손을 잡으며…."

⑤ 프레즌스 유지

순간에 머물기, 감정에 깊이 공감하기, 있는 그대로 받아들이기.

예: "그 말씀을 들은 나는 마음이 무겁게 내려앉았다."
"그 순간, 나는 이 부부의 긴 세월 속에 숨겨진 사랑과 미안함이 표현되는 것을 보았다."

⑥ 적극적 경청

언어·비언어 신호 경청, 감정의 의미를 파악, 공감적 듣기.

예: "그 말씀 속에서 나는, 그들이 겪은 모든 고난과 애환이 서로의 마음속에서 어떤 무게로 남아 있을지를 깊이 느꼈다."
"어머니의 얼굴에 묻어난 피로와 서러움이 눈에 들어왔다."

⑦ 알아차림

내면의 깨달음 유도, 의미 재구성, 핵심 통찰 발견.

예: "그 질문은 단순한 궁금증에서 나온 것이 아니었다. 오히려, 어머니가 행복한 순간을 떠올리며 그 속에 담긴 감정을 함께 느끼고 싶었기 때문이다."
"'고맙다'는 한마디가 그들의 긴 세월을 완성한 것이다."

⑧ 성장 촉진

배운 통찰을 삶에 연결, 앞으로의 관계와 삶에 힘을 주는 성장 자원화.

예: "서로 간에 마음을 전하는 말은… 고단한 인생이라 할지라도 삶의 팍팍함 속에 살아갈 힘을 주는 것 같다."

2. 삶의 마지막에서 만난 진정한 용기

위암 말기 환자인 김○○ 님은 65세이며 40년 차 유치원 원장이다. 40여 년을 아이들과 함께해서 그런지 힘들어도 항상 얼굴에 웃음이 있으며 밝은 성품을 가졌다. 그리고 집으로 방문을 하였더니 아기자기하게 집도 꾸며져 있었고 꽃을 좋아하여 화분도 많았다.

"꽃이랑 화분이 참 많네요. 참 예뻐요. 꽃 키우는 게 어떤 의미가 있으세요?"

"꽃들은 내 자식 같아요. 꽃을 보다 보면 우리 유치원을 거쳐 간 수많은 아이들이 생각나요."

집에서 가족들과 더 많은 시간을 보내기 위해 대학병원에서 두 달 만에 퇴원을 하였고 집으로의 퇴원을 간절히 원하였다. 그녀는 말기 암 환자로서 시간이 많이 남지 않았다.

"집으로 퇴원하시니까 기분이 어떠세요?"

"병원에서는 면회가 안 되어 가족들 얼굴을 잘 못 봤어요. 그런데 집에 오니 마음도 넘 편하고 아들들도 자주 볼 수 있어 좋아요."

이렇게 말하는 그녀는 하루하루 지나며 병세가 악화되었다. 창백한 얼굴에 기운 없는 목소리, 하지부종이 심하여 몸을 자기 뜻대로 가누기 어려웠으며 점점 통증이 와서 힘들어하였다. 진통제를 복용하여도 너무 힘들어 애써 밝게 보이려는 얼굴은 시간이 가면 갈수록 보기 어려웠다. 환자는 힘들어도 늘 습관처럼 괜찮다고 이야기하는 듯 보였다.

"가족들 앞에서 괜찮은 척하는 게 많이 힘드시죠?"

"실은 나는 퇴원할 때부터 마음의 준비를 하고 있었어요. 그런데 남편은 내가 먼저 가야 한다는 이야기를 들으면 너무 울어서 내가 말을 못 해요. 아들들도 엄마가 먼저 가야 될 것 같다는 이야기를 하면 다들 울고…. 나는 누구한테 이런 말을 할 수 있을까요?"

"그런 이야기를 꺼내기가 참 어렵죠. 어떤 말을 하고 싶으세요?"

"저는 불안하거나 조급하거나 하지 않아요. 그냥 지금 마음은 자면서 편안히 갔으면 좋겠어요. 나는 갈 준비가 되어 있으니 나를 편안한 마음을 보내 달라고 하고 싶어요."

"본인보다 가족들이 더 걱정되시는군요. 누구에게 어떤 말씀을 전해주고 싶으세요?"

"남편은 정말 생긴 것은 남자답게 생겼는데 정말 마음은 여려요. 집밖에 모르고 저밖에 몰라요. 생전 울지 않는 사람인데 병원에 있을 때 나가서 한참을 안 들어오더니 나중에 알고 보니 2시간을 울었대요. 요즘도 방 안에서 울어요. 이제 내가 가도 울지 말라고 날 보낼 마음의 준비를 하라고 남편에게 이야기하고 싶어요."

"남편분이 많이 힘들어하시는 모습을 보면 어떤 마음이 드세요?"

"힘든 걸로 따지면 내가 더 힘든데 내 앞에서 남편이 너무 울고 힘들어하니 난 울고 싶어도 못 울었어요. 난 약해 보여도 강하고 남편은 강해 보여도 마음이 너무 여린 사람이에요. 그래서 날 보내고 어떻게 살지 걱정돼요."

"그럼 요즘 느끼는 마음들을 가족들과 이야기해 본 적이 있으세요?"

"저는 남편이랑 아들들 걱정할까 봐 매일매일 강한 척했어요. 목소리가 안 나와도 온 힘을 다해 목소리를 내어 눈치 못 채게요…. 그리고 살려고 애쓰는 척했어요. 그래야지 남편이랑 아들들이 덜 힘들어하니까요. 그런데요 이제는 못 하겠어요. 이제는 척하면서 살았던 것 힘들어서 더 이상은 못 하겠어요. 이제 쇼 그만할까 해요."

여려 보이는 얼굴과 가는 몸집은 남편과 아들들의 기대를 무너뜨리지 않으려고 애쓰는 모습으로 가득 차 있었다.

"그동안 강한 척, 살려고 애쓰는 척하기가 얼마나 힘드셨어요. 그런데 이제 그 '쇼'를 그만두면 어떤 느낌이 들 것 같으세요?"

"처음에는 남편과 아들들이 내가 다 포기하는 듯 보이니까 실망할 테지만 내가 가족들을 위해서 그동안 애썼다는 것을 알아줬으면 좋겠어요. 쇼를 그만두고 힘들면 힘들다고 충분히 환자 노릇을 하면 마음이 편할 것 같아요."

오늘 아침에 환자에게 방문하기 전 처치와 영양제를 챙기기 전에 안부 전화를 할 때만 해도 이렇게 힘든 줄 몰랐다. 집에 도착해서 환자를 보니 혈압도 낮게 측정되고 점점 의식도 흐려져 가는 모습이었다.

"선생님한테도 너무 미안해서 나의 온 힘을 다해 아까 전화통화를 했어요. 그래서 모르셨을 거예요. 그런데 이제는 그렇게 할 힘이 없네요."

"전화할 때도 힘내서 하셨네요. 이제는 그렇게 하지 않으셔도 돼요. 어떨 때 가장 힘드세요?"

나는 연신 이제는 괜찮은 척, 강한 척, 애쓰는 척하지 않아도 됨을 말씀드렸다.

"그동안 남편과 아들들이 실망할까 봐 괜찮은 척, 살려고 애쓰는 척 하시기가 얼마나 힘드셨어요. 고생하셨어요. 앞으로는 졸리면 자고, 힘들면 힘들다고, 아프면 아프다고 이야기하셔도 돼요. 환자는 환자 역할에 충실해야 돼요."

마지막까지 한 남자의 아내로, 세 아들의 엄마로, 세 며느리의 시어머니로 40년간 유치원을 운영한 유치원 원장으로 강한 모습으로 주변 사람을 먼저 생각하며 살아왔던 그녀였다.

"어머니는 앞으로 남편과 아들들에게 어떻게 말씀하시고 싶으세요?"

"나도 아플 수 있고, 힘들어할 수 있기 때문에 내가 힘들어할 때 울지 말라고, 난 이제 곧 떠나야 하는데 잘 보내 달라고 이야기해 주고 싶어요. 그런데 말 못 하겠어요."

"그 말을 직접 하기가 어려우시면, 제가 대신 전해드릴까요?"

남편과 아들, 며느리를 모아놓고 대신 어머니의 마음과 말을 전해 주고 집을 나왔다.

다시 이틀 후 방문을 했을 때, 그녀는 더욱 기운이 없어 침대에서 내려오지 못하고 누워있기만 하였다.

"요즘에는 마음이 어떠세요?"

"편해요. 내가 말하지 않으면 힘든 줄 알고 있고, 나도 편하게 이야기하고 이제는 더 이상 쇼하지 않아도 되니 좋아요. 진작이 이럴 걸 그랬어요."

"마음이 한결 편해지셨네요. 편해 보이세요."

목소리는 작아지고 기운은 없어보였지만 옅은 미소를 띠시며 환한 얼굴이셨다. 이후 이틀 후에 그토록 원하던 집에서 가족들 품에서 떠나셨다는 이야기를 전해 들었다.

일주일 후 사별 방문을 다녀왔다.

"마지막 순간까지 가족과 함께하는 것이 어머님께는 큰 의미였을 것 같아요. 이런 시간들이 가족분들께는 어떻게 느껴지셨어요?"

"아내가 우리들이 힘들까 봐 힘들어도 힘들지 않은 척, 살려고 애쓰는 척하였던 것이 너무 미안했어요. 그렇게 하려고 얼마나 힘들었을까요. 그런데 그때 그렇게 이야기해 주어서 힘들면 힘들다고, 아프면 아프다고 이야기해도 잘 받아주고 마음 편하게 해주었어요. 병원을 싫어했는데 집에서 편안히 가서 저희도 마음이 슬프지만 편안하네요."

남편은 아내가 모두를 그렇게 준비시켜 주고 가서 슬픈 마음 속에서도 편안한 마음을 가질 수 있음을 이야기하셨다.

ICF 핵심 역량

① 윤리적 실천

환자의 의사 존중, 가족에게 안전하게 메시지 전달, 진실성 유지.

예: "남편과 아들, 며느리를 모아놓고 대신 어머니의 마음과 말을 전해주고 집을 나왔다."

② 코칭 마인드셋

호기심, 열린 태도, 환자에게서 배우려는 자세, 내적 성찰.

예: "환자는 힘들어도 늘 습관처럼 괜찮다고 이야기하는 듯 보였다."
"나는 연신 이제는 괜찮은 척, 강한 척, 애쓰는 척하지 않아도 됨을 말씀드렸다."

③ 합의 도출과 유지

환자의 한계와 의사 존중, 대안 제안, 환자-가족 사이의 합의 형성.

예: "그 말을 직접 하기가 어려우시면, 제가 대신 전해드릴까요?"

④ 신뢰와 안전감 조성

공감적 태도, 취약함을 드러낼 수 있는 안전한 대화 공간 마련.

예: "저는 남편이랑 아들들 걱정할까 봐 매일매일 강한 척했어요."
"고생하셨어요. 앞으로는 졸리면 자고, 힘들면 힘들다고, 아프면 아프다고 이야기하셔도 돼요."

⑤ 프레즌스 유지

순간에 머물기, 환자의 감정에 깊이 연결, 진솔한 동행.

예: "요즘도 방 안에서 울어요. 이제 내가 가도 울지 말라고 날 보낼 마음의 준비를 하라고 남편에게 이야기하고 싶어요."
"편해요. 내가 말하지 않으면 힘든 줄 알고 있고, 나도 편하게 이야기하고 이제는 더 이상 쇼하지 않아도 되니 좋아요."

⑥ 적극적 경청

환자의 말과 표정, 몸짓을 경청하고 그 의미를 되새김.

예: "그동안 강한 척, 살려고 애쓰는 척하기가 얼마나 힘드셨어요."

⑦ 알아차림

환자가 스스로 깨닫도록 질문 유도, 새로운 통찰 촉진.

예: "그런데 이제 그 '쇼'를 그만두면 어떤 느낌이 들 것 같으세요?"
"진작 이럴 걸 그랬어요."

⑧ 성장 촉진

환자의 자기표현과 수용 촉진, 가족의 애도 과정을 지지, 삶의 의미 재구성.

예: "환자는 환자 역할에 충실해야 돼요."
"마지막 순간까지 가족과 함께하는 것이 어머님께는 큰 의미였을 것 같아요."

3. 함께 걸어갈 길, 존중에서 피어나는 신뢰

1) 목표 설정(Goal)

오후의 따뜻한 봄 햇살이 사무실 창을 통해 비스듬히 들어오던 지난달, 사무실 공기가 갑자기 냉랭해지며 차가운 겨울바람이 불었다. 새로 부임한 팀장과 팀원 A 사이의 언쟁이 사무실 전체에 울려 퍼지고 있었다. 그 소리에 다른 팀원들은 고개를 숙인 채 자신의 모니터만 바라보았다.

새로 온 팀장은 부서에 발을 들이기 전부터 하나의 목표를 품고 있었다. '경험과 지식을 바탕으로 이 팀을 성공적으로 이끌어 나가는 것.' 그것은 단순한 업무적 성과를 넘어, 팀원들과의 신뢰와 존중을 바탕으로 한 화합의 리더십을 꿈꾸는 것이었다. 그러나 현실은 그의 기대와 달랐다.

A 역시 자신만의 목표가 있었다. 오랜 시간 이 부서에서 쌓아온 전문성을 인정받고, 업무의 효율성을 높이는 것. 새로운 팀장이 들어올 때마다 처음부터 다시 설명하고 적응시키는 과정이 그에게는 비효율적인 반복으로 느껴졌다.

두 사람의 목표는 결국 '효율적인 팀 운영'이라는 같은 지점을 향하고 있었지만, 그 방향을 바라보는 시각의 차이가 충돌을 일으키고 있었다.

2) 현실 점검(Reality)

"A 씨, 제가 요청한 컴퓨터 파일을 주시는 것이 그렇게 어려우세요? 저보고 알아서 찾아보라고요? 제가 아직 여기 부서를 파악하기 이전인데 제가 빨리 파일을 받을 수 있게 주시면 안 되나요?"

팀장의 목소리에는 숨길 수 없는 분노가 묻어 있었다. 다른 부서에서 쌓은 풍부한 경력에도 불구하고, 이곳에서는 모든 것을 처음부터 배워야 하는 '초보자'가 된 기분이었다. 내심 자신의 권위가 무시당할까 염려하며 부임했던 그의 우려는 현실이 되어가고 있었다.

"팀장님 컴퓨터에 똑같은 자료가 있을 테니까 찾아보시라고 한 거예요. 찾는 데 시간 얼마 안 걸려요. 이전 팀장님들은 알아서 다 찾으셨는데요. 찾아보고 못 찾으시면 제게 다시 요청해 주세요."

A의 대답은 단호했다. 그의 말투에는 얼핏 무례해 보일 수 있는 직설적인 면이 있었지만, 그 이면에는 이유가 있었다. 이전 팀장과도 잦은 의견 충돌을 겪었던 A는 부서 내에서 '까다로운 사람'이라는 평판이 있었다. 그러나 그 자신은 단지 일의 효율성을 중시하며, 불필요한 절차나 설명을 줄이고자 했을 뿐이었다.

"A 씨! 저번에도 그렇고 또 그렇네요. 저를 팀장으로 생각하기나 하세요? 저를 무시하시는 거죠? 제가 여기 팀원들보다 훨씬 알지 못한다고 저를 무시하시니까 팀원이 팀장인 저를 이렇게 대우하시는 거잖아요."

팀장의 감정이 폭발하는 순간이었다. 그의 자존심은 상처받았고, 리더로서의 권위는 흔들리고 있었다. 사무실에 잠시 정적이 흘렀다.

새로운 팀장의 불안과 A의 직설적인 태도가 충돌하면서 팀 전체의 분위기는 경직되어 있었다. 이대로라면 업무 효율성은 물론, 팀원들 간의 협력도 기대하기 어려울 것이다.

3) 대안 선택(Option)

그날 저녁, 사무실에 홀로 남은 팀장은 어두워진 창밖을 바라보며 깊은 생각에 잠겼다. 이 상황을 해결하기 위한 여러 방안을 고민했다.

첫째, 팀장으로서의 권위를 더욱 강조하고 A에게 명확한 지시와 복종을 요구할 수 있었다. 하지만 그것은 표면적인 순응만 이끌어낼 뿐, 진정한 존중과 협력으로 이어지지 않을 것이다.

둘째, A를 피해 다른 팀원들과의 관계 구축에 집중하며, A를 점차 고립시키는 전략을 택할 수도 있었다. 그러나 그것은 팀의 분열을 가져올 위험이 있었다.

셋째, 자신의 불안감과 자존심을 내려놓고, A의 전문성을 인정하며 배우려는 자세를 보일 수 있었다. 이는 단기적으로는 리더로서의 위신이 약해질 수 있지만, 장기적으로는 더 강한 신뢰를 구축할 수 있는 방법이었다.

마지막으로, A와의 개인적인 대화를 통해 서로의 입장과 기대를 솔직하게 나누고, 공통의 지점을 찾아가는 방법이 있었다. 가장 시간과 노력이 필요한 방법이지만, 동시에 가장 근본적인 해결책이 될 수 있었다.

4) 실천 계획(Will)

다음 날 아침, 팀장은 A에게 조용히 다가갔다.

"A 씨, 오늘 점심시간 후에 잠깐 시간 내주실 수 있을까요? 커피 한잔하면서 이야기를 나누고 싶습니다."

예상과 달리 A의 표정에는 약간의 당혹감과 함께 작은 호기심이 스쳤다.

카페의 조용한 자리, 팀장은 자신의 불안감과 고민을 솔직하게 털어놓았다.

"사실 이 부서에 오기 전부터 많이 걱정했습니다. 다른 곳에서의 경험은 많지만, 여기서는 제가 알지 못하는 것이 너무 많아서요. 그리고 A 씨가 이 부서에서 가장 전문성이 높다고 들었기에, A 씨의 도움이 정말 필요합니다."

A의 눈빛이 미묘하게 변했다. 그는 잠시 생각에 잠기더니 말했다.

"저도… 어제 너무 단정적으로 말씀드린 것 같습니다. 사실 이전 팀장님들과도 비슷한 상황이 있었어요. 제가 좀 직설적인 편이라…."

대화는 서서히 깊어졌다. A는 자신이 왜 그런 방식으로 일하는지, 그리고 새로운 리더가 올 때마다 같은 설명을 반복하는 것이 얼마나 힘든지 이야기했다. 팀장은 자신의 불안감과 인정받고 싶은 마음에 대해 털어놓았다.

"앞으로는 제가 모르는 것이 있으면 더 겸손하게 여쭤보겠습니다. 그리고 A 씨의 전문성을 팀 전체에 더 적극적으로 알리고 싶습니다."

"저도… 팀장님께서 적응하시는 동안 좀 더 상세히 설명드리도록 노력하겠습니다."

두 사람 사이에 작은 합의가 이루어지는 순간이었다. 그것은 거창한 약속이 아니라, 서로를 이해하고 존중하겠다는 소박한 다짐이었다.

시간이 흐르며, 사무실의 분위기는 서서히 변화했다. 팀장은 자신이 모르는 것에 대해 더 솔직하게 질문했고, A는 더 상세한 설명을 제공하기 시작했다. 가끔은 여전히 의견 충돌이 있었지만, 그것은 이제 서로를 무시하는 감정적 대립이 아닌, 더 나은 방향을 찾기 위한 건설적인 논의로 변화했다.

"팀장님, 이 자료 찾으셨나요? 제가 정리해 둔 폴더가 있는데 공유해 드릴게요."

어느 날 A가 먼저 다가와 건넨 말에 팀장은 따뜻한 미소로 답했다.

"고맙습니다, A 씨. 덕분에 많이 배우고 있습니다."

서로에 대한 이해가 깊어질수록, 팀 전체의 분위기도 조금씩 변화했다. 팀장의 새로운 시각과 A의 풍부한 경험이 만나 시너지를 내기 시작했고, 다른 팀원들도 이 변화를 느끼며 더욱 적극적으로 참여했다.

모든 변화에는 시간이 필요했지만, 서로를 이해하고 존중하려는 작은 노력들이 모여 결국 큰 변화를 이끌어낸 것이다.

사무실 창으로 들어오는 따스한 햇살 아래, 팀장과 A가 함께 논의하는 모습은 이제 낯설지 않은 풍경이 되었다. 그들의 목소리에는 더 이상 날선 감정이 실려 있지 않았다. 대신, 서로의 지식과 경험을 존중하는 조화로운 대화가 오갔다.

ICF 핵심 역량

① 윤리적 실천

투명성, 존중, 진실성 기반 대화.

예: 직접적으로 드러나지 않음. 팀장의 솔직한 태도와 존중 과정이 윤리적 토대.

② 코칭 마인드셋

성장 지향적 태도, 취약성 수용, 변화 과정 존중.

예: "새로 온 팀장은 … 신뢰와 존중을 바탕으로 한 화합의 리더십을 꿈꾸는 것이었다."
"셋째, 자신의 불안감과 자존심을 내려놓고 … 더 강한 신뢰를 구축할 수 있는 방법이었다."
"모든 변화에는 시간이 필요했지만 … 결국 큰 변화를 이끌어낸 것이다."

③ 합의 도출과 유지

목표 공유, 기대 조율, 공동 합의 형성.

예: "A 역시 자신만의 목표 … 그 방향을 바라보는 시각의 차이가 충돌을 일으키고 있었다."
"공통의 지점을 찾아가는 방법이 있었다."
"시간이 흐르며, 사무실의 분위기는 … 건설적인 논의로 변화했다."

④ 신뢰와 안전감 조성

안전한 공간 조성, 진정성, 존중·인정 표현, 상호 신뢰 강화.

예: "팀장의 감정이 폭발 … 분위기는 경직되어 있었다." (신뢰·안전 부재 장면)
"자신의 불안감과 자존심을 내려놓고 … 더 강한 신뢰를 구축할 수 있는 방법이었다."

"팀장은 자신의 불안감과 고민을 솔직하게 털어놓았다."
"고맙습니다, A 씨. 덕분에 많이 배우고 있습니다."
"사무실 창으로 들어오는 따스한 햇살 … 조화로운 대화가 오갔다."

⑤ 프레즌스 유지

자기인식, 감정 자각, 순간에 머무름, 개방적 태도.

예: "팀장의 목소리에는 숨길 수 없는 분노 … 권위는 흔들리고 있었다."
"팀장은 자신의 불안감과 고민을 솔직하게 털어놓았다."
"사무실 창으로 들어오는 따스한 햇살 … 조화로운 대화가 오갔다."

⑥ 적극적 경청

숨은 의도 이해, 경청을 통한 의미 파악, 맥락 존중.

예: "A의 대답은 단호 … 불필요한 절차나 설명을 줄이고자 했을 뿐이었다."
"A는 자신이 왜 그런 방식으로 일하는지 … 반복하는 것이 힘든지 이야기했다."

⑦ 알아차림

관점 확장, 대안 탐색, 자기인식 촉진.

예: "이 상황을 해결하기 위한 여러 방안을 고민했다."
"A는 자신이 왜 그런 방식으로 일하는지 … 반복하는 것이 힘든지 이야기했다."

⑧ 성장 촉진

상호 학습, 강점 인정, 협력 설계, 변화 촉진.

예: "앞으로는 제가 모르는 것이 있으면 … 전문성을 팀 전체에 더 적극적으로 알리고 싶습니다."
"시간이 흐르며, 사무실의 분위기는 … 건설적인 논의로 변화했다."

4. 다시 던지는 공, 다시 웃는 얼굴

나는 딸 방문 앞에서 조용히 노크를 했다.

"예린아, 저녁 먹으러 나오렴."

대답이 없었다. 나는 다시 한번 노크했다.

"예린아? 태권도 학원 다녀와서 뭐 먹고 싶은 거 있니?"
"안 먹을래."

작은 목소리가 이불 속에서 새어 나왔다. 나는 조심스럽게 문을 열고 들어갔다. 침대 위에 예린이가 이불을 머리끝까지 뒤집어쓰고 있었다.

"왜 그래? 학원에서 무슨 일 있었어?"

내가 침대 모서리에 앉자 이불 아래서 흐느끼는 소리가 들렸다.

"말해 봐, 무슨 일 있었니?"

나는 이불을 걷어냈다. 예린이는 울고 있었다.

"피구… 피구 때문에."
"피구? 무슨 일 있었어?"
"오늘 태권도 수업 끝나고 피구를 했는데… 내가 공을 잘 못 던져서 우리 팀이 졌어. 그래서 오리걸음 벌칙까지 받았는데… 너무 속상해."
예린이의 목소리가 떨렸다.
"그거 때문에 속상했구나."
"엄마… 나는 피구를 못하는 사람인가 봐."

예린이는 다시 이불을 머리 위로 끌어당겼다.

1) 목표 설정(Goal)

나는 잠시 생각하다가 말했다.

"예린아, 네가 태권도 학원에서 하는 피구대회에서 진짜 이루고 싶은 건 뭐니?"
"음… 잘하는 모습 보여주고 싶어. 내가 공을 던지면 상대편이 맞아서 아웃되고, 우리 팀이 이기고…. 그런 모습."
"그래, 좋은 목표네. 근데 혹시 네가 공을 잘 던져서 상대편이 아웃되고 예린이 팀이 이기는 그런 때가 있었니?"

예린이가 이불을 살짝 내리며 고개를 끄덕였다.

"예전에 학교에서 여자아이들과 할 때 내가 공을 잘 던져서 마지막 친구 아웃시키고 우리 팀이 이긴 적이 한 번 있었어."

"그랬구나. 누구나 마음처럼 잘 안되는 날이 있지. 중요한 건 다음에 어떻게 할 거냐는 거야."

2) 현실 점검(Reality)

"지금 네가 피구에서 어려움을 느끼는 부분이 뭐라고 생각해?"

예린이는 잠시 생각하더니 대답했다.

"내가 공을 던질 때 못 던질까 봐 미리 걱정돼서 조금 늦게 던지는 거."

"네가 원인을 파악했네. 공을 못 던질까 봐 자신감이 떨어지고, 그래서 공이 세게 안 나가고."

"맞아, 엄마. 나 때문에 우리 팀이 질까 봐 미리 걱정한 것 같아. 생각해 보니 자신감이 떨어져서 공도 세게 못 던진 것 같아."

3) 대안 선택(Option)

"그럼 어떻게 연습하면 좋을까?"

예린이가 이불에서 완전히 나와 앉으며 말했다.

"먼저 자신감을 갖는 게 중요한 것 같아. 자꾸 진다는 생각을 갖지 않아야겠어."

"좋은 생각이야. 또 다른 방법은 어떤 것이 있을까?"

"집에서 벽에다 공을 던져보는 것도 할 수 있을 것 같아."

"그래, 벽에다가 공을 던지며 연습하는 것도 좋은 생각인 것 같아."

"맞아, 엄마. 공을 던지며 연습하며 자신감을 가져야겠어."

4) 실천 계획(Will)

"그럼 구체적으로 어떻게 연습할 계획이야?"

아까 언제 울었냐는 듯 예린이의 얼굴이 밝아졌다.

"공을 잡으면 재빠르게 달려가는 연습도 하고, 피하는 연습도 해야겠어. 그러면 자신감이 생기겠지? 나 때문에 질까 봐 공을 잡고도 잘 안 던졌어. 그래서 친구들이 빨리 던지라고 할 때도 있었는데 공을 잡으면 빨리 달려가는 연습을 해야겠어, 엄마."

"그럼 엄마랑 저녁 먹고 피구 연습을 하는 게 어떨까?"

"좋아. 엄마. 우리 밥 먹고 피구 연습 하자."

예린이의 얼굴에 미소가 번졌다.

며칠 후, 태권도 학원에 갔던 예린이가 뛰어 들어왔다.

"어머, 우리 딸 표정이 아주 좋네!"

예린이는 가방을 내려놓으며 환하게 웃었다.

"엄마! 오늘 또 피구를 했는데 내가 마지막 상대편을 맞혔어! 그래서 우리 팀이 이겼어!"

"우와! 정말 대단하다!"

"맞아, 엄마. 내가 오늘은 공을 가지면 안 멈추고 바로 상대편을 맞혔어. 저번에 엄마랑 연습해서 자신감이 생겼나 봐."

나는 예린이를 꼭 안아주었다.

"네가 포기하지 않고 더 잘하려고 노력한 덕분이야. 우리 예린이가 자랑스럽다."

"엄마, 나는 자신감이 없고 내가 못한다고 생각을 했는데, 자신감 가지고 공을 던지니까 세게 잘 던져져."

"그래, 우리 딸이 이번에 많은 것을 배웠네. 자, 이제 배고프지? 예린이가 좋아하는 계란말이 해놨어."

예린이는 기쁜 마음으로 손을 씻으러 달려갔다. 나는 그런 딸의 뒷모습을 보며 미소 지었다.

ICF 핵심 역량

① 윤리적 실천

아이의 경험과 감정을 존중, 안전한 대화 태도.

예: 직접적으로 드러나지는 않음. 그러나 아이의 감정을 존중하고 평가·비난하지 않는 태도 전반에 드러남.

② 코칭 마인드셋

실패를 성장의 기회로 보는 태도, 긍정적 마인드셋.

예: "누구나 마음처럼 잘 안되는 날이 있지. 중요한 건 다음에 어떻게 할 거냐는 거야."

③ 합의 도출과 유지

목표 명확화, 실행 계획 합의.

예: "예린아, 네가 태권도 학원에서 하는 피구대회에서 진짜 이루고 싶은 건 뭐니?" "그럼 구체적으로 어떻게 연습할 계획이야?"

④ 신뢰와 안전감 조성

공감적 반영, 아이가 감정을 솔직히 표현할 수 있는 안전한 공간 마련.

예: "그거 때문에 속상했구나."

⑤ 프레즌스 유지

순간에 머무르며 감정 변화를 민감하게 포착, 함께 있어줌.

예: "그래서 오리걸음 벌칙까지 받았는데… 너무 속상해."
→ 엄마가 즉시 집중해 들어줌.
"아까 언제 울었냐는 듯 예린이의 얼굴이 밝아졌다."

⑥ 적극적 경청

아이의 언어를 경청하고 되비추며 원인 인식 유도.

예: "내가 공을 던질 때 못 던질 까 봐 미리 걱정돼서 조금 늦게 던지는 거."
"맞아, 엄마. 나 때문에 우리 팀이 질까 봐 미리 걱정한 것 같아."

⑦ 알아차림

자기인식 촉진, 새로운 행동전략에 대한 통찰 유도.

예: "공을 잡으면 빨리 달려가는 연습을 해야겠어, 엄마."

⑧ 성장 촉진

성과 인정, 학습 전환, 성취를 삶의 자신감으로 확장.

예: "네가 포기하지 않고 더 잘하려고 노력한 덕분이야. 우리 예린이가 자랑스럽다."
"자신감 가지고 공을 던지니까 세게 잘 던져져."

5. 혼자서도 괜찮은 삶

66세 이○○ 님의 집 문을 열면서 나는 매번 숨을 크게 들이마신다. 곰팡이가 핀 벽지, 재래식 화장실, 비가 오면 새는 천장. 요즘 같은 세상에 이런 환경은 객관적으로 보면 '열악한' 주거환경이지만, 그 안에서 만나는 사람의 이야기는 결코 열악하지 않다.

호스피스 간호사로서 나는 단순히 의료적 돌봄만 제공하는 것이 아니다. 환자가 남은 시간을 어떻게 의미 있게 보낼지 함께 고민한다.

1) 목표 설정(Goal)

첫 방문에서 나는 이○○ 님에게 물었다.

"어르신, 이런 환경에서 계속 사시는 거 힘들지 않으세요? 다른 곳으로 이사 생각은 없으시나요?"

"그냥 이렇게 살다가 가려고요. 불편하지 않아요."

"혹시 어르신께서 지금 가장 중요하게 생각하시는 것이 무엇인지 들어봐도 될까요?"

"음… 별로 중요한 건 없어요."

"정말 아무것도 없으실까요? 작은 것이라도요?"

몇 번의 대화를 거쳐 서서히 진실이 드러났다.

“혹시 가족분들과는 연락하시나요?”

“아니요… 오래됐어요. 하지만… 언젠가는 찾아올지도 모르잖아요. 그때 제가 다른 곳에 있으면 어떻게 찾겠어요.”

“아, 그렇다면 가족분들이 찾아오시기를 바라시는 건가요?”

“바란다기보다는… 모르죠. 올 수도 있으니까.”

“가족분들이 보고 싶으신가요?”

이○○ 님은 잠시 생각하더니 솔직하게 답했다.

“이제 와서 크게 보고 싶진 않아요. 너무 오래됐거든요.”

이상했다. 보고 싶지도 않은데 왜 기다리고 있을까? 나는 다른 각도로 접근해 보았다.

“어르신께서 혼자 사신 지는 얼마나 되셨어요?”

“한… 삼십몇 년 됐나?”

“그 시간이 어떠셨는지 궁금해요. 혼자 살아오신 삶에 대해 어떻게 생각하세요?”

그의 눈빛이 바뀌었다.

“부모님을 모시면서 형제들과 많이 싸웠어요. 결국 혼자 모셨죠.

그때부터 가족들과 멀어졌고…. 하지만 부모님을 모시고 산 것은 후회 없어요."

"후회가 없다고 하셨는데, 정말 전혀 후회하지 않으시나요?"

"네, 다시 선택해도 똑같이 할 거예요."

여기서 나는 핵심을 발견했다. 진짜 목표는 가족을 기다리는 것이 아니었다. 자신의 선택에 대한 확신, 자신만의 방식으로 살아온 삶에 대한 인정을 원하고 있었던 것이다.

"그렇다면 어르신의 진짜 바람은 가족이 찾아오는 것이 아니라, 어르신이 살아온 방식이 옳았다는 확신을 갖는 것일까요?"

2) 현실 점검(Reality)

목표가 명확해지자 현실을 들여다볼 차례였다. 하지만 현실을 마주하는 것은 때론 아프다.

"어르신, 요즘 하루를 어떻게 보내고 계세요?"

"별로 특별한 건 없어요. 그냥 TV 보고, 밥 해먹고…."

"외로우시지는 않나요?"

"외롭다고 생각해 본 적은 없어요. 혼자 살아온 지 오래돼서 익숙해졌어요."

"혼자 있는 시간에 주로 무엇을 생각하세요?"

"별생각 안 해요. 그냥…."

나는 좀 더 구체적으로 물어보았다.

"가족분들 생각이 날 때는 어떤 감정이 드세요?"
"음… 그냥 그래요. 이제 와서 뭐."
"'이제 와서 뭐'라는 표현을 자주 쓰시는데, 그 말속에는 어떤 의미가 담겨있을까요?"

그는 잠시 침묵했다.

"시간이 너무 많이 흘렀죠. 서로 다른 삶을 살고 있고…."
"그렇다면 지금 어르신에게 가장 현실적인 것은 '기다림'이 아니라 '받아들임'인 것 같은데요?"
"맞아요. 받아들였어요."

하지만 집을 옮기지 않는다는 건 완전히 받아들인 게 아니었다.

"받아들이셨다고 하셨는데, 그렇다면 왜 아직도 이 집을 지키고 계시는 걸까요?"
"습관인 것 같아요. 그리고… 혹시나 해서요."
"혹시나 하는 마음과 받아들인 마음이 함께 있는 거네요?"

"그런 것 같아요."

"현실을 있는 그대로 보는 것 자체가 용기입니다. 어르신은 이미 많은 것을 받아들이셨어요."

3) 대안 선택(Option)

"어르신, 지금 상황에서 어르신이 할 수 있는 선택들에는 어떤 것들이 있을까요?"

"글쎄요…. 별로 없는 것 같은데요."

"정말 아무것도 없을까요? 작은 것이라도요?"

나는 구체적으로 영역을 나누어 질문했다.

◆ 물리적 환경에 대한 선택지들

"이 집에 대해서는 어떤 선택들이 가능할까요?"

"음… 이사 가거나, 아니면 그냥 이대로 살거나."

"이사를 간다면 어떤 곳이 좋을까요?"

"별로 생각해 본 적 없어요."

"그럼 이대로 살면서도 뭔가 바꿀 수 있는 것들이 있을까요?"

"벽지를 바꾸거나…. 하지만 큰 공사가 될 것 같아 이대로 살고 싶어요."

"돈이 적게 들면서 할 수 있는 작은 변화들은 없을까요?"

"청소를 더 자주 하거나… 환기를 더 자주 시키거나…."

◆ 관계에 대한 선택지들

"가족들과의 관계에서는 어떤 선택들이 있을까요?"

"글쎄요…. 연락을 해보거나, 아니면 그냥 기다리거나."

"연락을 한다면 누구에게 하고 싶으세요?"

"큰아들이 있긴 한데…. 연락처도 바뀌었을 거고."

"연락처를 알아낼 방법은 없을까요?"

"형님이 알고 계실 텐데…. 하지만 형님하고도 사이가 안 좋아서."

"가족 말고 다른 사람들과 관계는 어떠세요?"

"뒷집 형님이 자주 전화하고 찾아와요. 통장님도 찾아오고요."

◆ 내적 성장에 대한 선택지들

"부모님을 모신 것에 대해 후회가 없다고 하셨는데, 그 확신을 더 키울 수 있는 방법은 없을까요?"

"그런 방법이 있나요?"

"예를 들어, 그때의 기억들을 정리해 보신다든지, 누군가에게 이야기해 보신다든지…."

"그런 걸 누구에게 이야기해요?"

"저에게라도 말이에요. 또는 일기를 써보신다든지."

"일기요? 그런 건 안 써봤는데…."

"거창한 일기가 아니라 그냥 오늘 어떤 생각을 했는지, 어떤 기분이었는지만 한 줄 써보는 건 어떨까요?"

"한 줄이라면… 할 수 있을지도 모르겠네요."

4) 실천 계획(Will)

여러 선택지를 탐색한 후, 이○○ 님이 실제로 실천하고 싶어 하는 것들을 정리해 보았다.

"어르신, 지금까지 이야기한 것들 중에서 실제로 해보고 싶은 것들을 골라볼까요?"

"음… 청소하고 환기하는 건 당장 할 수 있을 것 같고…."

"좋습니다. 구체적으로 어떻게 하시겠어요?"

"하루에 한 번은 창문을 열어놓고… 일주일에 한 번은 청소기 돌리고."

"훌륭하네요. 다른 건 어떠세요?"

"일기는… 한번 해볼게요. 어려우면 그만두고."

"그럼 언제부터 시작하실 건가요?"

"오늘부터요."

"좋습니다. 그런데 일기장이 있으세요?"

"없는데…. 종이에 써도 되겠죠?"

"물론이죠. 그런데 혹시 일기를 쓰다가 막힐 때는 어떻게 하실 건가요?"

"모르겠어요."

"예를 들어 '오늘은 간호사가 왔다. 이런저런 이야기를 했다.' 이런 식으로 써보시면 어떨까요?"

"아, 그런 식으로요. 그럼 할 수 있을 것 같아요."

몇 번의 대화 후, 이○○ 님이 내린 결정은 예상과 같으면서도 달랐다.

그는 집을 옮기지 않기로 했다. 하지만 그 이유가 바뀌었다. '자식들을 기다리기 위해서'가 아니라, '이곳에서 자신의 이야기를 완성하기 위해서'였다.

"이런 작은 실천들이 쌓이면 어떤 변화가 있을 것 같으세요?"

"글쎄요…. 조금은 마음이 정리될 것 같아요."

"마음이 정리된다는 건 구체적으로 어떤 느낌일까요?"

"음… 뭔가 확실해지는 느낌? 제가 이렇게 산 게 틀리지 않았다는…."

"그렇다면 이 실천들의 진짜 목표는 '확신 갖기'인 셈이네요?"

"맞는 것 같아요."

나는 마지막으로 중요한 질문을 했다.

"혹시 실천하시면서 어려움이 생기면 어떻게 하시겠어요?"

"어려우면 그만둬야죠."

"그만두기 전에 할 수 있는 다른 방법은 없을까요?"

"음… 간호사님에게 말씀드리거나…."

"좋습니다. 저도 계속 방문할 예정이니까 언제든 말씀하세요. 그리고 완벽하게 하려고 하지 마시고 천천히 해보세요."

5) 코칭의 진짜 의미

2주 후 이○○ 님을 다시 만났다.

"어르신, 그동안 어떠셨어요?"

"일기는 계속 쓰고 있어요. 처음엔 뭘 써야 할지 몰랐는데, 이제는 할 말이 좀 있네요."

"오, 정말요? 어떤 내용들을 쓰세요?"

"그날그날 생각들…. 그리고 옛날이야기들도 써봤어요."

"옛날이야기요?"

"네, 부모님 모시던 때 이야기도 쓰고…. 쓰고 나니까 더 확실해졌어요. 제가 한 일이 틀리지 않았다는 게."

일기장을 보여주시는데, 삐뚤삐뚤한 글씨가 빼곡히 적혀 있었다.

"어르신, 지금 기분이 어떠세요?"

"시원해요. 뭔가 정리된 느낌이에요."

"가족들에 대한 생각도 바뀌었나요?"

"네, 이제 진짜로 기다리지 않아요. 와도 좋고 안 와도 좋고…. 제 삶은 제가 산 거니까. 저는 제 삶이 틀리지 않았다는 걸 확실히 알았어요. 부모님을 모신 것도, 혼자 사는 것도, 다 제 선택이었고 후회하지 않아요."

"일기 쓰기는 어떠세요?"

"이제 습관이 됐어요. 안 쓰면 뭔가 빠뜨린 것 같아요."

"집은 어떠세요?"

"여전히 낡았지만… 이제는 제 집이라는 생각이 들어요. 가족들이 와도 안 와도 상관없어요. 여기가 제 집이에요."

진정한 코칭은 상대방이 원하는 답을 찾도록 돕는 것이다. 처음 '불편하지 않다'고 답했던 그 뒤에 숨겨진 진짜 마음을 함께 찾아가는 과정이었다. 외부에서 보기에 '더 나은' 선택을 강요하는 것이 아니라, 그 사람만의 진짜 답을 발견하도록 동행하는 것이다.

이○○ 님은 여전히 그 집에서 살고 있다. 자식들은 아직도 연락하지 않는다. 하지만 그는 더 이상 기다리지 않는다. 대신 자신의 시간을 살고 있다.

집의 물리적 환경도 크게 달라지지 않았다. 여전히 곰팡이는 있고, 재래식 화장실도 그대로다. 하지만 그 공간에 사는 사람의 마음은 완전히 달라졌다.

때로는 변하지 않는 것을 받아들이는 것이 가장 큰 변화일 수 있다. 코칭은 항상 극적인 변화를 만들어내는 것이 아니다. 때로는 현재의 상황에서 평화를 찾는 것, 자신의 선택에 확신을 갖는 것 그 자체가 가장 큰 성과가 될 수 있다.

그것은 한 사람의 존재 전체를 들여다보는 따뜻한 시선이다. 특히 인생의 마지막 여정을 걷는 분들에게는 더욱 그렇다.

마지막 방문에서 이○○ 님이 보여준 일기장에는 이런 글이 적혀 있었다.

"오늘 간호사가 또 왔다. 내가 쓴 일기를 보고 대견하다고 했다. 나도 대견하다. 이 나이에 일기를 쓸 줄 몰랐는데. 부모님을 모신 일도 다시 생각해 봤다. 역시 후회 없다. 나는 내 인생을 잘 살았다."

곰팡이 핀 벽 너머로 스며드는 따스한 오후 햇살처럼, 진정한 코칭은 어떤 환경에서든 희망의 빛을 찾아낼 수 있게 해준다.

ICF 핵심 역량

① 윤리적 실천

자율성·존엄성 존중, '더 나은 선택' 강요 대신 내적 답 찾도록 지원.

예: "진정한 코칭은 상대방이 원하는 답을 찾도록 돕는 것이다. … 그 사람만의 진짜 답을 발견하도록 동행하는 것이다."

② 코칭 마인드셋

호기심, 성찰, 가치·의미 중심의 탐구, 성장 지향 태도.

예: "'불편하지 않다'고 답했던 그 뒤에 숨겨진 진짜 마음을 … 발견하도록 동행하는 것이다."

③ 합의 도출과 유지

구체적 실행 합의, 장애 대비 방안 수립, 실행 약속 유지.

예: "그럼 언제부터 시작하실 건가요?" "오늘부터요."
"혹시 실천하시면서 어려움이 생기면 어떻게 하시겠어요?"

④ 신뢰와 안전감 조성

공감적 인정, 심리적 안전 제공, 감정 정상화.

예: "현실을 있는 그대로 보는 것 자체가 용기입니다. 어르신은 이미 많은 것을 받아들이셨어요."

⑤ 프레즌스 유지

현재 순간에 집중, 성급한 해결 회피, 감정의 여백 존중.

예: "이제 와서 뭐"라는 표현과 침묵에 머물며 함께함.

⑥ 적극적 경청

언어·비언어 신호 경청, 되비추기, 핵심어 탐색.

예: "외롭지 않다"라는 말 뒤에 숨은 감정을 포착하여 "그 말속에는 어떤 의미가 담겨있을까요?"라고 재질문.

⑦ 알아차림

리프레이밍, 내적 통찰 촉진, 의미 재구성.

예: "그렇다면 어르신의 진짜 바람은 가족이 찾아오는 것이 아니라, 어르신이 살아온 방식이 옳았다는 확신을 갖는 것일까요?"

⑧ 성장 촉진

성취 경험 강화, 자기 확신 확립, 실행 지속과 삶 적용 촉진.

예: 일기 쓰기를 통해 '내 삶은 틀리지 않았다'는 확신에 도달 → 기다림에서 벗어나 현재 삶을 살아감.

6. 빨리 끝나야 한다는 말 뒤에 숨은 사랑

현관문을 열고 들어서는 순간, 늘 그렇듯 무거운 공기가 나를 맞았다. 이 집만의 독특한 무거운 공기 속의 숨 막힘, 창문은 닫혀있고, 거실의 불빛도 어둡다. 할아버지가 할머니를 돌보느라 집안일에 신경 쓸 여유가 없으신 게 역력하다.

거실을 지나 안방으로 향하는 발걸음이 자연스레 조심스러워진다. 윤○○ 할머니는 병원용 침대에 누워 입을 벌린 채 천천히, 그러나 규칙적으로 숨을 쉬고 계셨다. 뇌 전이로 인해 연하곤란이 심해지면서 침이 고이는 것을 방지하기 위해 입이 자연스럽게 벌어져 있는 상태다.

할머니의 얼굴은 많이 야위셨지만, 표정은 의외로 평온해 보였다. 통증 조절이 잘되고 있어서인지 찡그린 기색은 없다. 다만 한때 다섯 자녀를 키우며 집안의 중심이었던 그분이 지금은 스스로 물 한 모금도 마실 수 없는 상태가 되었다는 현실이 마음을 무겁게 한다.

침대 옆 의자에는 수건, 물티슈, 그리고 할머니의 입을 닦아드릴 때 쓰는 구강면봉 등 할아버지가 할머니를 간병하고 있다는 것을 보여주는 흔적들이 있다.

다리에서 시작된 암이 뇌로 전이되면서 말씀도, 삼키는 것도 어려워지신 지 벌써 몇 주가 흘렀다. 의사소통이 불가능해진 것은 환자에게도 힘들지만, 평생의 동반자를 돌보는 할아버지에게는 더욱 견디기 어려운 일인 것 같다.

"간호사님, 오셨어요?"

할아버지의 목소리에는 늘 지친 기색이 역력했다. 팔십이 넘은 나이에 아내를 간병하는 것은 분명 쉽지 않은 일이다. 더욱이 평생을 자신을 뒷바라지해 주던 아내가 이제는 아무것도 할 수 없는 상태가 되었으니, 그 심정이 어떠할까.

"할머니 상태는 어떠세요?"
"똑같아요. 그냥 똑같아…."

할아버지는 한숨을 깊게 쉬었다.

"간호사님, 정말 이렇게 사는 게 무슨 의미가 있을까요? 말도 못 하고, 먹지도 못하고…. 차라리 아프면 빨리 죽어야 되는 거 아닌가요?"

이런 말씀을 하실 때마다 나는 어떻게 대답해야 할지 고민된다. 그분의 절망과 피로감을 이해하면서도, 동시에 이 상황에서 우리가 함께 찾을 수 있는 의미와 가능성이 있다는 것을 알기 때문이다.

오늘은 조금 다른 방법으로 할아버지와 대화해 보기로 했다.

1) 목표 설정(Goal)

"할아버지, 지금 이 순간 가장 원하시는 것이 무엇인가요?"

할아버지는 잠시 생각하시더니 예상대로 말씀하셨다.

"빨리 끝났으면 좋겠어요. 이렇게 고생하지 말고…."

"할머니의 고생이 끝났으면 하시는 거군요. 그럼 할아버지께서 생각하시기에 할머니가 지금 고생하고 계신다고 보세요?"

"그럼. 음식도 못 먹고, 말도 못 하고. 이렇게 사는 게 사는 건가?"

"할아버지가 60년 넘게 할머니와 함께 사시면서 할머니를 가장 잘 아시잖아요. 할머니가 평소에 가장 중요하게 생각하셨던 것이 무엇이었나요?"

할아버지의 표정이 조금 부드러워졌다.

"가족이지…. 우리 아이들, 그리고… 내 뒷바라지를 해서 내가 계속 교직생활을 했지."

"그렇다면 만약 할머니가 지금 말씀하실 수 있다면, 할아버지에게 뭐라고 하실 것 같나요?"

할아버지는 오랫동안 할머니를 바라보셨다.

"글쎄…. 아마 '고생한다'고 하겠지."

"할머니와의 마지막 시간에서 할아버지가 가장 소중하게 생각하시는 것이 있다면 무엇일까요? 단순히 빨리 끝나는 것이 아니라, 정말로 중요한 것 말이에요."

할아버지는 한참을 생각하시더니 조용히 말씀하셨다.

"아프지 않게 있으면 좋지. 내가 끝까지 곁에 있다는 걸 알아줬으면 하고."

이제 진짜 목표가 보이기 시작했다. 할아버지가 원하는 것은 단순히 이 간병의 종료가 아니라, 할머니와의 연결, 그리고 자신의 사랑이 전달되는 것이었다.

2) 현실 점검(Reality)

"할아버지가 보시기에 할머니는 지금 어떤 상태인 것 같나요? 정말 고통스러워 보이시나요?"

할아버지는 할머니를 다시 자세히 보셨다.

"음… 사실은 잘 모르겠어요. 통증은 크게 없어 보이는데…. 이렇게 아무 말도 못하고 누워있는 게 힘들겠지."

"맞아요. 할머니 얼굴을 보시면 편안해 보이시죠. 통증 약물이 잘 조절되고 있어서 지금은 큰 고통은 없으실 거예요."

"그런가?"

"할머니를 돌보시면서 가장 힘든 부분은 구체적으로 무엇인가요?"

"말을 못 알아듣는 것 같아 답답하지. 바보처럼 뭘 원하는지 말도 못 하고, 눈만 끔벅이고."

할아버지의 진짜 어려움이 드러났다. 고통스럽다고 생각했던 것은 사실 할머니가 아니라 할아버지 본인이었던 것이다. 소통의 단절과 불확실성이 가장 큰 어려움이었다.

"그동안 할머니를 위해 해오신 일들 중에서 할머니가 편안해하시는 것들이 있었나요?"

"음… 손을 잡아주고 얼굴을 쳐다보면 편안해 보이는 것 같아. 그리고 천주교 성가를 좋아해서 틀어주면 가끔 고개를 돌리기도 해요."

"그럼 할머니가 할아버지의 존재를 전혀 모르고 계신 건 아닌 것 같네요?"

"으음, 그렇지."

"할아버지께서 60년 넘게 함께 살아오시면서 할머니를 가장 잘 아시는 분이잖아요. 할머니가 지금도 할아버지의 존재를 느끼고 계실까요?"

할아버지는 오랫동안 생각하시더니 고개를 끄덕이셨다.

"아무것도 모르는 바보라고 했는데 그건 아니고, 내가 옆에서 지켜

주는 것을 알겠지. 내가 없으면 좀 불안해하거든."

3) 대안 선택(Option)

"그렇다면 할머니를 더 편안하게 해드릴 수 있는 방법들에는 어떤 것들이 있을까요?"

할아버지가 조금 더 적극적으로 생각해 보기 시작하셨다.

"지금처럼 옆에 있어주고, 기저귀도 갈아주고, 목욕도 시켜주고."

"좋은 생각이세요. 또 어떤 것들이 있을까요?"

"딸들이 자주 와서 이야기해 주는 것도 좋을 것 같고, 그런데 다들 멀리 살아서 전화라도 자주 해주면 좋겠어."

"할아버지도 스스로를 돌보셔야 하는데, 어떤 도움을 받으실 수 있을까요?"

"딸들이 가끔 와서 도와주긴 하는데…. 다들 직장에 다녀서 내가 힘들어도 말을 잘 안 했지."

"가족들과 함께 할 수 있는 일들이 더 있다면 무엇일까요?"

"딸들이 교대로 와서 지켜주면 내가 잠깐씩 쉴 수도 있겠고…. 손주들도 할머니 보러 와서 이야기해 주면 좋을 것 같은데."

"저에게 더 말씀하고 싶은 것들이 있나요?"

"사실 궁금한 게 많았지. 지금 상태가 어떤지, 앞으로 어떻게 될지…. 언제 하늘나라 갈지…."

"할머니께 하시고 싶었지만 아직 하지 못한 일이 있으신가요?"

할아버지의 눈에 눈물이 맺혔다.

"같이 살아주고 뒷바라지 해줘서 고맙다는 말… 하고 싶은데 제대로 못 했지. 60년 동안 정말 고생 많이 했는데…."

4) 실천 계획(Will)

"가장 먼저 해보고 싶은 것은 무엇인가요?"
"손잡고 고마웠다는 이야기를 해주고 싶어. 맨날 같이 있어도 쑥스러워서 말 못 했는데."
"좋은 생각이세요. 언제부터 시작해 보시겠어요?"
"지금 해볼까?"

할아버지는 할머니 침대 곁으로 가서 조심스럽게 손을 잡으셨다.

"그리고 딸들에게도 연락해서 자주 오라고 해야겠어. 아이들 생각해서 오지 말라고 했는데 살면 얼마나 산다고. 말은 못 해도 딸들 보고 싶겠지."
"언제 연락해 보시려고요?"
"이따가 전화해 볼게요. 그리고 바쁜데도 이렇게 간호사 선생님이 이야기를 들어주니까… 힘이 생기네. 고마워요."

그다음 주에 다시 윤○○ 할머니 댁을 방문했을 때, 공기의 무게감이 약간 가벼워진 듯하였다.

"딸들이 번갈아 가며 와서 도와주고. 손주들도 왔다 가고."

할머니의 표정도 더 평온해 보였다.

"이 사람이 말은 못 하지만… 내가 이야기하면 가끔 고개를 돌리고, 손도 살짝 움직여요."

"할아버지가 할머니와 계속 소통하고 계시는 거예요."

"이제는 '빨리 죽었으면 좋겠다'는 생각보다 '편안하게 보내주고 싶다'는 생각이 더 커요. 시간이 얼마나 남았든 상관없이 말에요."

5) 마무리하며 - 코칭 질문의 힘

호스피스 현장에서 가족들이 스스로 의미를 찾고, 자신만의 방식으로 사랑하는 사람을 배웅할 수 있도록 돕는 것이 우리의 역할이다.

할아버지의 '빨리 죽어야 한다'는 말 뒤에는 깊은 사랑과 절망이 섞여 있었다. 그 마음을 있는 그대로 받아들이면서, 동시에 남은 시간을 어떻게 의미 있게 보낼 수 있을지 함께 찾아 나갔다.

코칭 질문의 힘은 바로 여기에 있다. 사람들이 이미 가지고 있는 지혜와 사랑을 끌어내어, 스스로 답을 찾을 수 있도록 돕는 것. 특히 생의 마지막 순간에서는 이런 접근이 더욱 중요하다.

윤○○ 할머니는 여전히 말씀하지 못하신다. 하지만 할아버지는 이제 다른 방식으로 할머니와 소통하고 계신다. 그리고 그 소통 속에서 60년 부부의 마지막 사랑을 완성해 가고 계신다.

이것이 바로 가정형 호스피스 현장에서 코칭이 할 수 있는 일이다. 죽음을 준비하는 것이 아니라, 사랑을 완성하는 일을 돕는 것이다.

ICF 핵심 역량

① 윤리적 실천

환자·가족의 자율성과 존엄을 존중, 외부의 가치 강요 대신 내적 답을 찾도록 지원.

예: "죽음을 준비하는 것이 아니라, 사랑을 완성하는 일을 돕는 것이다."

② 코칭 마인드셋

판단하지 않고 열린 태도로 접근, 고통 속에서도 의미를 찾는 성장 지향적 시선.

예: "빨리 죽어야 되는 거 아닌가요?"라는 할아버지의 절망적 표현을 문제로만 보지 않고, 그 속의 사랑과 연결 욕구를 탐색.

③ 합의 도출과 유지

목표(소통·감사 표현)와 실행 계획(즉시 실천, 가족에게 연락)을 구체적으로 합의.

예: "언제 연락해 보시려고요?" "이따가 전화해 볼게요."

④ 신뢰와 안전감 조성

두려움과 불안을 덜어주는 정보 제공, 정서적 안전감 조성.

예: "할머니 얼굴을 보시면 편안해 보이시죠. … 큰 고통은 없으실 거예요."

⑤ 프레즌스 유지

감정의 여백을 존중하며 현재 순간에 머무름.

예: 할아버지가 침묵 후 "내가 끝까지 곁에 있다는 걸 알아줬으면 하고."라고 고백하는 순간 끝까지 경청.

⑥ 적극적 경청

언어·비언어 단서를 경청하고 되비추며, 환자 돌봄 경험을 명료화.

예: "그동안 할머니를 위해 해오신 일들 중에서 할머니가 편안해하시는 것들이 있었나요?" → 손잡기·성가 틀어주기 등 구체적 기억을 끌어냄.

⑦ 알아차림

본질적 어려움(죽음이 아니라 소통 단절)을 재인식하도록 돕는 통찰 촉진.

예: "빨리 끝났으면 좋겠다." → "사실은 고통이 아니라 소통 단절이 가장 힘들다."로 전환.

⑧ 성장 촉진

절망의 언어를 사랑과 배려의 언어로 전환, 남은 시간을 의미 있게 살아가도록 성장 촉진.

예: "이제는 '빨리 죽었으면 좋겠다'는 생각보다 '편안하게 보내주고 싶다'는 생각이 더 커요."

7. 그럼에도 불구하고, 내가 이 길을 걷는 이유

문을 열고 들어서면 익숙한 냄새가 먼저 나를 반긴다. 소독약 냄새가 아닌 식사 준비하는 냄새, 긴장의 냄새가 아닌 편안한 냄새가 우리와 똑같이 일상을 살아가고 있는 호스피스 환자들의 집이다. 환자의 집마다 조금씩 다르지만, 그 특유의 공기감은 언제나 같다. 여기는 병원이 아니다. 간병인이 항시 대기하는 공간도, 모니터가 깜빡이는 집중 치료실도 아니다. 여기는 '집'이다. 그리고 나는 그 집에 초대받은, 삶의 마지막 장면을 함께하는 간호사다.

가정형 호스피스 간호사의 일은 생각보다 훨씬 다양하고, 종종 감당하기 어려울 만큼 무겁다. 의학적으로 환자의 통증을 조절하고, 증상을 관리하는 건 기본이다. 하지만 그것만으로 충분하지 않다. 이 일을 하다 보면, 나는 어느새 환자의 가족이 되고, 가족의 조력자가 되며, 때로는 슬픔을 받아내는 상담자가 된다.

가장 어려운 순간은, 누군가의 '죽음'이 예고된 시간 속에서 '살아감'을 도와야 할 때다. 말기암 판정을 받은 환자가 자녀 앞에서 눈물을 삼킬 때, 그 자녀가 아무 말 없이 거실 구석에서 고개를 돌릴 때, 나는 무엇을 어떻게 해야 할지 몰라 마음속이 저리다. 눈물이 쏟아질 것 같은 순간에도, 나는 침착해야 한다. 환자의 얼굴을 쓸어주며 "오늘은 어제보다 통증이 조금 덜한 것 같네요." 하고 말을 건네야 한다.

나의 눈물은 이 공간의 중심에 있어서는 안 되니까.

방문을 마치고 나와 돌아오는 길, 한숨이 저절로 흘러나올 때가 많다. 정서적으로도, 육체적으로도 고된 직업이다. 밤늦게 걸려오는 응급 전화, 비가 오든, 눈이 오든 걸어가야 하는 좁은 골목, 그리고 운전으로 인한 고단함. 하지만 이것보다는 매번 '마지막 인사'일지 모른다는 마음의 무게가 더 크게 다가온다.

나는 내가 내 스스로에게 질문하고 대답하고 셀프 코칭을 하며 말기암 환자를 돌보는 호스피스 간호사로서의 삶을 살고 있다.

◆ **그럼에도 불구하고 나는 왜 이 일을 계속하는가?**

사람들의 가장 어려운 순간을 함께하는 것, 그들의 이야기를 간직하는 것, 그리고 삶의 의미를 매일 그들을 통해 배우기에 난 지금도 이 일을 계속 하고 있다.

◆ **내가 하는 일이 환자와 가족에게 어떤 도움이 되는가?**

내가 방문하기 전과 후의 가정 분위기가 많이 달라진다. 처음에는 불안과 두려움, 무력감이 가득한 경우가 많지만, 전문적인 정보를 제공하면서 가족들이 안도감을 느끼고 환자를 더 잘 돌볼 수 있게 된다. 환자들은 익숙한 집에서 사랑하는 사람들과 함께하며 마지막 시간을 보낼 수 있도록 기여하는 것이 정말 보람된 일이다.

◆ **이 일을 통해 배운 가장 큰 가치는 무엇인가?**

진정한 돌봄은 의료기술도 중요하지만 함께 있어주는 것이 가장 강력한 위로가 됨을 느꼈다. 그리고 삶의 시간이 정해져 있음을 깨닫고 매순간을 감사하며 의미 있게 사는 것을 배우고 있기에 어디에서도 얻을 수 없는 가치를 얻고 있다.

◆ **이 일이 내 인생에 어떤 의미를 주는가?**

이 일은 내게 삶과 죽음에 대한 깊은 이해와 감사함을 선물해 준다. 많은 사람들이 죽음을 두려워하고 피하지만, 매일 죽음을 마주하면서 오히려 삶의 소중함을 더 깊이 깨닫게 되었다. 작은 순간들을 소중히 여기고, 사랑하는 사람들에게 더 많은 시간과 에너지를 쏟게 되었고 또한 이 일을 통해 인내심, 공감능력, 회복탄력성이 크게 향상되었다.

◆ **10년 후 내 삶에 어떤 변화들이 있을 것인가?**

10년 후에는 이런 경험들이 내가 더욱 내 삶을 사랑하며 깊이 있는 사람으로 만들어 줄 것이라 생각한다.

◆ **힘들 때 나를 일어서게 하는 힘은?**

떠난 환자의 가족들이 말 한마디가 큰 위로가 된다. 가족들이 전하는 진심 어린 감사의 말과 많이 아프지 않게 통증을 완화시켜 줘서 감사하다는 말이 나를 일어서게 하고 이 자리를 지키게 하는 힘인 것 같다. 누군가의 마지막 여정을 마무리하는 데 기여를 했다는 사명감이 단순한 직업이 아닌 소명감인가 싶다.

어느 날, 말기암 환자인 한 어르신이 내 손을 꼭 붙잡고 말했다.

"나는 우리 간호사 선생님이 오시면 안심이 돼요. 딸처럼, 아니 딸보다도 더…."

그 말 한마디가 내게는 보석처럼 남았다. 사람은 누구나 존엄하게 죽을 권리가 있다고 믿는다. 그리고 나는, 누군가의 마지막이 덜 외롭고 덜 고통스럽도록 돕는 일을 하고 있다는 자부심을 가진다. 실은 삶의 가장 깊은 순간에 함께하고 있다는 사실이 때론 나를 부담스럽게 하기도 하고 가치 있는 일로 자부심으로 느끼게 하기도 한다.

죽음이 가까워질수록, 사람들은 인생의 소중함에 대해서 이야기한다. 사랑, 감사, 용서, 그리고 기억. 나는 그 고백의 자리에 함께 앉아 있다.

그리고 이 일의 가치를 알기에 나는 오늘도 누군가의 집 초인종을 누른다.

ICF 핵심 역량

① 윤리적 실천

돌봄 대상자의 권리와 존엄을 존중하는 태도, 직업적 윤리 실천.

예: "사람은 누구나 존엄하게 죽을 권리가 있다고 믿는다."

② 코칭 마인드셋

자기성찰, 배움과 성장에 열린 자세, 지속적 학습 태도.

예: "나는 내가 내 스스로에게 질문하고 대답하고 셀프 코칭을 하며 말기암 환자를 돌보는 호스피스 간호사로서의 삶을 살고 있다."

③ 합의 도출과 유지

환자·가족과의 상호작용 속에서 돌봄 목표 합의와 유지.

예: "내가 방문하기 전과 후의 가정 분위기가 많이 달라진다. … 가족들이 안도감을 느끼고 환자를 더 잘 돌볼 수 있게 된다."

④ 신뢰와 안전감 조성

환자·가족이 심리적 안전감을 느낄 수 있는 신뢰 관계 구축.

예: "나는 우리 간호사 선생님이 오시면 안심이 돼요. 딸처럼, 아니 딸보다도 더…."

⑤ 프레즌스 유지

감정 조절, 현재 순간에 집중, 환자와 함께 존재하기.

예: "눈물이 쏟아질 것 같은 순간에도, 나는 침착해야 한다. 환자의 얼굴을 쓸어주며 "오늘은 어제보다 통증이 조금 덜한 것 같네요." 하고 말을 건네야 한다."

⑥ 적극적 경청

환자의 언어·비언어 메시지에 귀 기울이고 의미를 수용.

예: "죽음이 가까워질수록, 사람들은 인생의 소중함에 대해서 이야기한다. 사랑, 감사, 용서, 그리고 기억. 나는 그 고백의 자리에 함께 앉아 있다."

⑦ 알아차림

통찰을 통해 돌봄의 본질을 재인식, 가치 재구성.

예: "진정한 돌봄은 의료기술도 중요하지만 함께 있어주는 것이 가장 강력한 위로가 됨을 느꼈다."

⑧ 성장 촉진

경험을 자기 성장으로 연결, 장기적 비전과 변화를 촉진.

예: "이 일을 통해 인내심, 공감능력, 회복탄력성이 크게 향상되었다."
"10년 후에는 이런 경험들이 내가 더욱 내 삶을 사랑하며 깊이 있는 사람으로 만들어 줄 것이라 생각한다."

희망을 건네는 작은 이야기

윤지후

1. 나는 생각보다 강한 사람이었어요
2. 이 길이 정말 나를 위한 길일까? _오래 공부한 분야에서의 진로 고민
3. 동업자와 헤어져야 할까요? _중년의 진로
4. 48살의 새로운 시작 _외국 교수라는 가능성을 향해
5. 요즘 자꾸 우울한 마음이 드네요 _마음의 회복
6. 조직에서 갈등 _일하면서 생겼던 갈등
7. 상사들이 본인들 일을 저에게 떠넘겨요 _조직 코칭 관점 대화
8. 고객이 비현실적인 요구를 합니다 _멘탈 코칭 × 조직 코칭 대화
9. 나는 뒤처지고 있는 걸까? _내러티브 코칭 대화
10. 자녀와의 갈등, 어떻게 하면 좋을까요?
11. 혼자 여행을 가고 싶어요
12. 저는 무슨 일을 해야 할까요?
13. 이 길이 정말 맞는 걸까? _내러티브 코칭
14. 다시 나를 살아내기 위한 첫걸음
15. 저는 왜 이렇게 제자리에 있는 걸까요?
16. 내 말 한마디에 팀이 휘청이면 어쩌죠?

1. 나는 생각보다 강한 사람이었어요

코치 안녕하세요. 오늘 만나 뵙게 되어 반갑습니다. 요즘 컨디션은 어떠세요? [① 라포 형성]

고객 네, 그럭저럭 괜찮아요. 그냥… 하루하루 버티고 있어요.

코치 그런 상황 속에서도 아이와 함께 하루를 살아내고 계신데요. 자신을 돌아보면, 어떤 느낌이 드세요? [② 공감] [④ 열린 질문]

고객 음… 많이 절망스럽고, 때로는 무기력해요. 그래도 아이가 있어서 버티고 있는 것 같아요.

코치 그 말씀 속에서 이미 '버티고 있다'는 사실 자체가 얼마나 큰 용기인지 느껴집니다. [② 공감] [③ 강점 발견]

코치 지금 이 시기를 지나며, 스스로 '이건 내가 정말 잘했다'고 느끼는 것이 있으신가요? [④ 열린 질문]

고객 글쎄요…. 그래도 임신했을 때 아이를 포기하지 않고 낳은 거요. 돈도 없고, 도와줄 사람도 없지만, 그래도 어떻게든 키워보려고 노력하고 있어요.

코치 그 결정은 정말 쉽지 않은 선택이었을 텐데요. 혼자서 그 모든 걸 감당해 내고 계신 모습을 보니 진심으로 존경스럽습니다. [③ 강점 발견] [⑤ 가치 탐색]

고객 감사합니다…. 사실 그런 말 들은 게 정말 오랜만이네요.

코치 그럼 지금, 앞으로 조금 더 나아지기 위해 가장 먼저 변화

시키고 싶은 부분은 무엇인가요? [⑥ 우선순위 설정]

고객 경제적인 부분이요. 안정적인 수입이 있는 직업을 갖고 싶어요. 지금은 너무 불안정하고, 주변에 도움받을 곳도 없어요.

코치 경제적인 안정이 우선순위에 있으시군요. 혹시 관심 있거나, 주변에서 추천받은 직업이 있으신가요? [④ 열린 질문]

고객 네. 미용사나 바리스타, 간호조무사 같은 걸 추천받았어요. 저는 꾸미는 걸 좋아해서 네일아트에도 관심이 있었고요. 근데 간호조무사는 안정적인 수입이 있다고 해서 고민 중이에요.

코치 여러 가능성들을 이미 열어두고 계시네요. 지금 말씀해 주신 것들을 보니, 고객님은 이미 미래를 향해 한 걸음씩 나아가고 계신 것 같아요. 다만, 아이 돌봄에 대한 고민도 있으시다고 하셨죠? [② 공감] [⑦ 자원 탐색]

고객 네. 일하고 싶어도 아이를 맡길 곳이 없어서요. 근데 요즘엔 국가에서 운영하는 아이 돌봄 서비스나 유아원도 있다고 해서 알아보려고 해요. 그리고 저와 같은 상황에 있는 아는 지인도 있어서, 그쪽으로 이사하면 함께 아이를 돌볼 수 있지 않을까 싶어요.

코치 아이 돌봄과 일이라는 두 가지를 함께 고려하며 현실적인 대안을 찾고 계시는 모습이 인상 깊습니다. 혹시 다음 대화 전까지 아이 돌봄 제도나 직업교육 과정에 대해 조금만 더 알아보시면 어떨까요? [⑦ 자원 탐색] [⑧ 실행 계획 제안]

고객 네, 해볼게요. 지금처럼 막막하게만 느껴졌는데…. 이렇게 말하면서 생각이 조금 정리되는 것 같아요.

코치 좋습니다. 오늘 이 대화를 통해 가장 인상 깊었던 부분이 있다면 무엇인가요? 〔④ 열린 질문〕

고객 제가 생각보다 강한 사람이라는 걸 알았어요. 너무 우울하고 무기력했는데, 코치님과 이야기하면서 '내가 끌려가기만 할 이유는 없구나'란 생각이 들었어요. 〔⑨ 리프레이밍〕

코치 그 깨달음이야말로 오늘 대화의 가장 소중한 수확인 것 같아요. 고객님 안에 있는 강인함을 기억하시고, 한 걸음씩 나아가실 수 있기를 진심으로 응원합니다. 〔⑩ 성장의 피드백〕

코칭 기법

① 라포 형성(Building Rapport)

코칭의 시작에서 따뜻한 인사와 편안한 분위기 조성은 신뢰 관계 형성의 기초다. 인사말은 고객이 심리적으로 안정감을 느끼고 자신의 이야기를 풀어낼 수 있도록 도와준다.

예: "안녕하세요. 오늘 만나 뵙게 되어 반갑습니다. 요즘 컨디션은 어떠세요?

② 공감(Empathic Listening & Validation)

고객의 현실적 어려움에 대해 있는 그대로 들어주고 그 감정을 인정해 주는 과정은 매우 중요하다. 고객의 경험에 깊이 공감하며 심리적 지지를 제공하는 표현을 사용한다.

예: "그런 상황이라면 누구라도 힘들었을 것 같아요. 그때 어떤 감정이 드셨나요?"

③ 강점 발견(Strengths Spotting)

과거의 결정이나 행동 속에서 고객의 강점과 자원을 찾아주는 기법이다. 고객이 "아이를 포기하지 않았다."라고 말했을 때, 코치는 그 선택이 얼마나 용기 있는 결정이었는지를 인정하며, 고객 스스로 자신의 강함을 인식하도록 도와준다.

예: "그 어려움 속에서도 포기하지 않았던 이유는 무엇이었을까요?"

④ 열린 질문(Powerful Open-ended Questions)

고객이 스스로를 돌아볼 수 있게 돕는 개방형 질문은 코칭의 핵심 도구이며, 고객이 자신의 경험과 가치를 스스로 정리하고 말할 수 있는 기회를 제공한다.

예: "지금까지 해오신 일 중에서 '이건 내가 정말 잘했다'고 느낀 건 무엇인가요?"

⑤ 가치 탐색(Exploring Values)

고객이 소중히 여기는 가치(예: 생명, 책임, 모성 등)를 말하도록 유도하고, 그것이 어떻게 삶의 동력이 되었는지를 함께 발견해 나간다. 이는 고객이 앞으로 어떤 방향으로 나아갈지 결정하는 데 중요한 기준이 된다.

예: "아이를 낳기로 결심하신 그 순간, 어떤 가치가 가장 중요했나요?"

⑥ 우선순위 설정(Clarifying Priorities)

고객의 삶 속에서 가장 시급하거나 중요한 변화의 방향을 함께 짚어가는 과정이다. 질문을 통해 고객의 주된 욕구를 명확히 한다.

예: "지금보다 조금 더 나아지기 위해 가장 먼저 변화시키고 싶은 건 무엇인가요?"

⑦ 자원 탐색(Resource Mapping)

고객이 이미 갖고 있는 자원이나 외부에서 활용할 수 있는 지원 체계와 사람, 제도를 함께 찾아보는 과정이다. 문제 해결을 위해 현실적 기반을 확보한다.

예: "주변에서 도움을 받을 수 있는 분이나 기관이 있을까요?"

⑧ 실행 계획 제안(Forward Planning & Action Steps)

코칭은 통찰에만 머무르지 않고, 작은 실천으로 연결될 때 효과가 극대화된다. 이 같은 제안은 고객이 행동에 옮기기 쉬운 방향으로 이끌어준다.

예: "다음 주까지 시도해 볼 수 있는 한 가지 실천은 무엇일까요?"

⑨ 리프레이밍(Reframing)

고객이 부정적으로 보던 자신의 모습이나 상황을 새로운 시각에서 바라보게 돕는 기법이다. 기존의 자아 인식이 긍정적으로 전환된다.

예: "이 상황을 다르게 바라본다면 어떤 의미가 있을까요?"

⑩ 성장의 피드백(Affirmative Feedback)

고객의 작은 변화나 깨달음을 즉시 인정하고, 강화하여, 지속적인 성장을 돕는 단계이다. 긍정적 피드백은 자기효능감(self-efficacy)을 크게 높여준다.

예: "그 깨달음이야말로 오늘 대화의 가장 소중한 수확인 것 같아요."

2. 이 길이 정말 나를 위한 길일까? - 오래 공부한 분야에서의 진로 고민

코치 안녕하세요. 오늘은 어떤 이야기를 함께 나눠보면 좋을까요?

고객 저는 지금까지 오랫동안 한 분야를 공부해 왔는데, 요즘 들어 '이 길이 맞나?' 싶은 생각이 자꾸 들어요. 애써 쌓아 온 것들을 포기하는 건 아닐까 하는 두려움도 있고요.

코치 그동안 정말 많은 시간과 에너지를 투자해 오신 것 같아요. 지금 그런 고민이 드는 상황에서, 스스로 어떤 감정이 가장 크게 느껴지세요? 〔① 존재에 대한 탐색〕

고객 불안과 혼란이요. 내가 가야 할 길이 맞는지도 모르겠고, 그렇다고 새로운 걸 시작할 자신도 없고요. 멈춰 있는 느낌이에요.

코치 그 길을 처음 선택하셨을 때, 어떤 마음이었는지 떠올려 보실 수 있을까요? 〔④ 관점 확장〕

고객 음… 그때는 이 일이 '멋져 보였다'는 게 컸던 것 같아요. 사회적으로 인정받는 일이기도 했고, 뭔가 의미 있어 보였거든요.

코치 그 일이 '의미 있어 보였다'는 말씀이 인상 깊어요. 〔③ 리플렉션〕 지금 고객님께 '의미 있다'고 느껴지는 것은 무엇인가요? 〔② 가치 기반 질문〕

고객 요즘은… 누군가의 삶에 실제로 도움이 되는 일, 내가 살아 있구나 느낄 수 있는 일을 하고 싶다는 생각을 자주 해요.

코치 고객님이 진심으로 소중히 여기는 가치는 무엇이라고 생각하세요? 〔② 가치 기반 질문〕

고객 음… 정직함, 깊이 있는 관계, 그리고 성장이요. 무언가를 깊이 이해하고 나누는 삶이 좋다고 느껴요.

코치 말씀해 주신 그 가치들과 지금까지 공부해 오신 분야 사이엔 어떤 연결점이 있을까요? 〔③ 리플렉션〕 〔⑤ 심층적 자기 탐색〕

고객 글쎄요…. 학문적으로는 깊이 파고들 수 있었지만, 사람과 직접적으로 연결되는 경험은 많지 않았던 것 같아요. 뭔가 채워지지 않는 느낌이랄까요. 〔③ 리플렉션〕

코치 그 '채워지지 않는 느낌'이 어떤 방향을 향해 나아가길 원하고 있는 걸까요? 〔④ 관점 확장〕 〔⑤ 심층적 자기 탐색〕

고객 아마도… 더 살아 있는 관계 속에서, 사람들과 진짜 이야기를 나누고, 의미를 함께 느끼는 쪽이요. 그런 삶이 요즘 더 끌리는 것 같아요.

코치 지금 그 마음을 들여다보며, 고객님은 어떤 사람으로 살아가고 싶다고 느끼시나요? 〔① 존재에 대한 탐색〕 〔⑤ 심층적 자기 탐색〕

고객 단단하고 따뜻한 사람. 지식만 많은 사람이 아니라, 누군가 옆에 있고 싶은 사람. 그런 사람이 되고 싶어요.

코칭 기법

① 존재에 대한 탐색(Exploring Identity)

단순히 "무엇을 할까?"가 아니라, "나는 누구인가?" "나는 어떤 사람으로 살아가고 싶은가?"를 탐색하는 단계이다. 고객이 감정, 불안, 갈등의 뿌리를 인식하고 자기정체성(Self-identity)을 중심으로 방향을 잡게 한다.

예: "지금 이런 고민이 드는 상황에서, 어떤 감정이 가장 크게 느껴지세요?"
"요즘의 나는 어떤 사람으로 느껴지나요?"

② 가치 기반 질문(Value-centered Questions)

고객의 선택 기준을 외부의 평가나 안정성 대신, 내면의 가치에서 찾게 하는 단계이다. 가치가 명확해질수록 결정의 기준이 흔들리지 않는다.

예: "지금 고객님께서 의미 있다고 느껴지는 것은 무엇인가요?"
"고객님이 소중히 여기는 가치는 무엇인가요?"

③ 리플렉션(Reflection)

고객의 말 속 핵심 언어를 그대로 되비춰 줌으로써 스스로 그 의미를 재해석하게 한다. 단순한 반복이 아닌, 고객의 감정, 욕구, 가치를 비추는 거울 역할을 한다.

예: "채워지지 않는 느낌이라고 하셨는데, 그 공백은 어떤 의미일까요?"

④ 관점 확장(Perspective Expansion)

과거를 돌아보게 하거나, "지금 느끼는 그 감정은 어떤 방향을 향하고 있나요?"와 같이 미래지향적인 질문을 통해 고객의 사고를 확장시킨다. 이로써 고객은 단편적인 판단을 넘어서 시간적 흐름과 맥락 속에서 자신을 바라볼 수 있는 힘을 기르게 된다.

예: "그 길을 처음 선택하셨을 때 어떤 마음이었나요?"

⑤ 심층적 자기 탐색(Deep Self-inquiry)

표면적인 직업 선택을 넘어서, '나는 어떤 존재인가', '어떤 삶을 원하는가'에 대한 질문을 통해 고객의 내적 동기와 정체성을 확인하게 만든다. 이는 흔히 말하는 '진로 상담'과 코칭의 가장 큰 차이점 중 하나이며, 코칭이 개인의 전인적 변화를 이끌어내는 데 강력한 도구가 되는 이유다.

예: "지금 말씀하신 '채워지지 않음'이 사실은 어떤 갈망을 의미할까요?"

3. 동업자와 헤어져야 할까요? - 중년의 진로

고객 코치님, 사실 요즘 고민이 많아요. 동업자와 학원을 운영하고 있는데, 의견 충돌이 잦고 점점 맞지 않는다는 생각이 들어요. 그렇다고 당장 헤어지자니 막막하고, 나이도 있고, 경제도 어렵잖아요. 앞으로 뭘 해서 먹고살아야 할지 모르겠어요.

코치 네, 많이 힘드셨겠어요. 동업자와의 갈등이 오랫동안 이어졌군요. 그 상황에서 계속 고민해 오셨을 텐데, 지금 가장 마음을 무겁게 하는 것은 무엇인가요? [① 경청]

고객 음… 일단 동업자와의 관계가 가장 큰 문제죠. 그리고… 솔직히 말하면, 앞으로 뭘 해야 할지도 모르겠어요. 나이도 있으니까 새로운 일을 시작하는 게 두렵고요.

코치 그럴 수 있죠. 새로운 도전을 생각하는 것 자체가 부담스러우실 수도 있고, 또 불확실한 미래가 걱정되실 수도 있을 것 같아요. 혹시 지금까지 살아오면서 가장 성취감을 느꼈던 순간이 있었나요? [② 강점 탐색]

고객 글쎄요…. 생각이 잘 안 나는데요. 사실 저는 뭔가에 푹 빠져서 몰입한 적이 별로 없어요.

코치 괜찮아요. 천천히 떠올려 보면 될 거예요. 혹시 주변에서 인정받았던 경험이라든지, 내가 잘한다고 느꼈던 순간이 있다면 어떤 게 있을까요? [② 강점 탐색]

고객 음… 학생들 상담을 했을 때, 부모님들이 고맙다고 할 때 기분이 좋았어요. 그리고 학원을 운영하면서도 시스템을 기획하는 걸 잘한다고 들었어요. 또, 사람들에게 정보를 정리해서 설명해 주는 것도 나름 괜찮았던 것 같아요.

코치 아주 좋은 강점들이네요! 학생들과의 상담, 학원 운영의 시스템 정리, 정보 전달…. 이렇게만 봐도 굉장히 체계적이고 분석적인 능력이 있으신 것 같아요. 혹시 이런 강점들을 더 발전시키고 싶은 마음이 드시나요? **〔② 강점 탐색〕**

고객 그러게요. 막상 이야기하다 보니, 내가 그래도 잘하는 게 있었구나 싶어요. 근데 이걸 가지고 앞으로 뭘 할 수 있을까요?

코치 아주 중요한 질문이에요. 사실 처음에 '앞으로 무엇을 해서 먹고살아야 할까?'라고 하셨잖아요. 그런데 이야기를 나누다 보니, 지금 더 필요한 질문은 '지금부터 무엇을 공부해야 할까?'로 바뀌는 것 같아요. 어떠세요? **〔③ 질문을 통한 방향 전환〕**

고객 맞아요! 뭘 해야 할지 모르겠다고 생각했는데, 사실은 준비가 부족해서 더 막막했던 것 같아요.

코치 그렇죠. 그러면 지금 단계에서 할 수 있는 것은 무엇이 있을까요? **〔④ 성장 마인드셋 형성〕**

고객 우선 학원 운영과 관련된 칼럼을 읽거나, 관련된 책들을 탐독하면 좋을 것 같아요. 또, 현재 전공 분야를 더 깊이 공부하면서, 다른 업종에도 관심을 가져보는 것이 좋겠어요. 음… 그렇게 하면 조금씩 방향이 잡힐 것 같아요. 지금 내가 무언가를 결정해야 한다는 압박감이 있었는데, 우선은 정보를 모으고 공부를 하면 자연스럽게 길이 보일 수도 있겠네요. [⑤ 액션 플랜 설정]

코치 네, 아주 좋습니다. 제가 한 가지 제안을 드리고 싶은데요. 앞으로 일주일에 한 번씩 저와 함께 코칭을 해보는 건 어떠세요? 한 걸음씩 나아가면서 방향을 찾아가는 거죠. [⑥ 지속적인 코칭 제안]

고객 네, 좋아요! 코칭을 받으면서 정리해 보면 훨씬 도움이 될 것 같아요. 오늘 대화를 하면서 막연했던 것들이 조금 정리된 느낌이에요.

코치 그렇군요! 오늘 세션을 통해 고객님이 자기 자신을 더 이해하고, 한 걸음 더 나아갈 수 있는 계기가 된 것 같아 저도 기쁩니다. 다음 세션에서는 이번에 이야기한 내용을 바탕으로 좀 더 구체적인 계획을 세워보면 좋겠네요.

고객 네, 감사합니다. 다음 주에 뵙겠습니다!

코칭 기법

① 경청(Active Listening)

고객이 자신의 고민을 충분히 이야기할 수 있도록 경청하며 반응

한다. 고객의 감정을 읽고 공감 표현을 사용하여 신뢰를 형성한다.

예: "많이 힘드셨겠어요."

② 강점 탐색(Strength-based Coaching)

고객의 과거 성취 경험을 질문하여 강점을 발견하도록 유도하고, 직접 강점을 나열하기 어려워하자, 인정받았던 경험을 떠올리도록 도와준다. 발견된 강점을 피드백하여 고객이 자신감을 가질 수 있도록 도와준다.

예: "학생들과 상담을 잘하셨군요. 학원 운영 시스템도 잘 정리하셨고, 정보를 전달하는 것도 강점이시네요!"

③ 질문을 통한 방향 전환(Reframing the Question)

처음 고객의 질문은 '앞으로 무엇을 해서 먹고살아야 할까?'였다. 그러나 대화 흐름을 통해 '지금부터 무엇을 공부해야 할까?'로 질문을 구체화하였다. 막연한 불안을 해결할 수 있도록, 즉시 할 수 있는 실행 가능한 질문으로 변화시킨다.

예: "지금 더 필요한 질문은 '지금부터 무엇을 공부해야 할까?'로 바뀌는 것 같아요. 어떠세요?"

④ 성장 마인드셋(Growth Mindset) 형성

불확실성에 대한 막연한 두려움을 줄이고, '공부'라는 현실적인 행동 계획을 세우게 한다. 결론을 당장 내려야 한다는 압박감을 덜어주고, 탐색 과정을 긍정적으로 바라볼 수 있도록 도와준다.

예: "지금 단계에서 할 수 있는 것은 무엇이 있을까요?"

⑤ 액션 플랜(Action Plan) 설정

고객이 단순한 고민에서 끝나지 않고, 구체적인 실행 방안을 스스로 도출하도록 유도한다. 칼럼 읽기, 관련 책 탐독, 전공 심화 학습, 다른 업종 탐색 등의 실천 가능한 목표를 제시한다.

예: 우선은 정보를 모으고 공부를 하면서 자연스럽게 길이 보일 수도 있겠네요.

⑥ 지속적인 코칭 제안(Follow-up Coaching)

일회성 대화로 끝나지 않고, 지속적인 성장과 변화를 위해 일주일에 한 번 코칭 진행을 제안하고 고객 스스로 성장하는 모습을 보게 함으로써, 코칭의 효과를 체감할 수 있도록 도와준다.

예: "앞으로 일주일에 한 번씩 저와 함께 코칭을 해보는 건 어떠세요?"

4. 48살의 새로운 시작 - 외국 교수라는 가능성을 향해

코치 안녕하세요. 오늘 어떤 이야기를 나눠보면 좋을까요?

고객 외국 대학 교수가 되기 위해 무엇을 해야 할지 정리해 보고 싶어요. 요즘 그게 자꾸 떠올라요.

코치 외국 교수가 된다면, 고객님 삶에 어떤 영향을 줄 것 같으세요? [② 비전 구체화]

고객 신선할 것 같아요. 새로운 사람들, 새로운 환경, 그리고 영어로 강의하는 제 모습이 스스로에게도 매력적으로 느껴질 것 같아요. 뭔가 생기 있고 살아 있다는 느낌이요.

코치 그 삶을 떠올릴 때 가장 끌리는 지점은 어떤 건가요? [② 비전 구체화]

고객 단순히 교수라는 직책이 아니라, '나답게 살아가는 모습'이 그려져요. 안정적인 수입도 있고, 연구와 개발을 병행하며 배우는 삶이니까요. 특히 코칭 교수는 드물잖아요. 그런 걸 내가 개척하면 더 의미 있을 것 같아요.

코치 그 미래의 자신을 상상해 보면, 몇 년 뒤쯤 그 자리에 있을 것 같으세요? [④ 시간 프레임 설정]

고객 음… 대학원은 마쳤고, 박사 과정에 들어가야 하니까 약 5년 정도는 필요할 것 같아요. 그러면 48살쯤이겠네요. 갑자기 현실감이 확 오네요. 48살….

코치 네. 지금 그 나이를 떠올리며 어떤 감정이 드시나요? [① 감정

탐색 및 수용〕

고객 조금 울컥해요. '왜 진작 안 했을까?' 하는 아쉬움이 올라와요. 30대 때 했으면 지금 어디쯤은 와 있었겠지… 그런 생각이요.

코치 그런 생각이 들면서, 또 다른 감정이나 생각이 떠오르시나요? 〔① 감정 탐색 및 수용〕

고객 그래도 50도 아니고 48이면 아직 젊은 편이죠. 요즘 교수님들 보면 대부분 60대시고요. 그에 비하면 나는 아직 기회가 있는 거니까요.

코치 그런 관점에서 고객님 자신은 어떤 성향이라고 느끼시나요? 〔⑥ 자기 신념 명료화〕

고객 저는 꽤 긍정적인 편이에요. 생각이 인생을 지배한다고 믿거든요. 생각하는 대로 이루어진다고 믿어요. 끌어당김의 법칙이라고 하잖아요? 『시크릿』처럼요.

코치 '생각이 인생을 지배한다'는 말, 고객님의 삶 속에서 중요한 신념처럼 느껴지네요. 〔③ 내면 동기 강화〕 〔⑥ 자기 신념 명료화〕

고객 맞아요. 그 믿음 덕분에 다시 도전해 보겠다는 마음이 생긴 것 같아요. 사실 KPC를 따고 나서 3~4개월은 멘붕이었거든요. 처음엔 자신감 넘쳤고, 상품도 만들고 네이버 엑스퍼트에 등록도 했는데 상담은 1건뿐이었어요. '이걸로 언제 돈을 벌까?' 막막했죠.

코치 그 과정이 고객님께는 어떤 의미였을까요? 〔① 감정 탐색 및 수용〕

고객 돌이켜 보면 '현실 점검' 같았어요. 혼자서 코칭 상품만 만들어선 안 되는구나, 구조가 필요하구나. 그래서 과거 했던 일을 다시 해야 하나 싶기도 했고요. 결국 강의부터 해보자는 결정을 내렸는데, 거기서도 또 '무슨 강의를 해야 하지?'라는 벽에 부딪혔어요. 커리어 코칭 쪽은 이미 경쟁이 치열하니까요.

코치 그럼 지금 시점에서, 외국 교수라는 방향을 선택한 자신에게 어떤 변화가 생긴 것 같으세요? **〔② 비전 구체화〕**

고객 정체되어 있던 마음이 다시 움직이기 시작했어요. 새로운 도전이 제 안의 활력을 끌어올리는 느낌이에요. 영어 공부도 해보고 싶고, PCC도 취득 하고 싶고, 박사도 진지하게 고민하게 됐어요. 4개월 동안 멈춰 있던 제 마음이 이제야 다시 '살아나는 느낌'이에요.

코치 그렇다면, 5년 후 교수가 되기 위해 지금부터 1년 후까지 어떤 일들을 해보면 좋을까요? **〔④ 시간 프레임 설정〕 〔⑤ 실행 계획 유도〕**

고객 1년 안에 영어 공부 루틴을 만들고, 회화나 논문 읽기 같은 기초 실력을 쌓고 싶어요. 동시에 PCC 준비를 본격적으로 시작할 거고요. 박사 과정도 진행하고요. 그리고 대학, 해외 교육 기관들을 리서치하면서 정보도 수집해야겠죠.

코치 그 계획을 구체화해 보면서 어떤 느낌이 드세요? **〔⑤ 실행 계획 유도〕**

고객 생각보다 현실적인 것 같아요. 예전엔 너무 멀게만 느껴졌는데, 지금은 한 단계씩 밟아가면 가능할 것 같아요. 막연함보단 계획, 그리고 실행으로 나아가는 기분이에요.

코칭 기법

① 감정 탐색 및 수용(Exploring & Acknowledging Emotions)

감정을 드러내고 받아들임으로써 자기 이해와 내적 정화를 돕는다. 이러한 감정 수용은 고객의 무의식적인 생각과 마주할 수 있게 하며, 내면 정화와 수용의 첫걸음이 된다.

예: "그 나이를 떠올릴 때 어떤 감정이 드시나요?"
"그때 느꼈던 후회나 아쉬움은 고객님께 어떤 메시지를 주고 있을까요?"

② 비전 구체화(Future Visioning)

막연한 상상을 생생하고 현실적인 그림으로 구체화해 동기를 강화시킨다. "외국 교수라는 방향을 선택한 자신에게 어떤 변화가 생길 것 같으세요?"와 같은 질문은 비전이 생생해질수록 동기와 감정 에너지가 함께 살아나고, 목표가 실현 가능해진다.

예: "외국 교수가 된다면, 고객님 삶에 어떤 변화가 생길까요?"

③ 내면 동기 강화(Reconnecting with Inner Motivation)

고객의 핵심 신념을 되비추어 내적 에너지를 회복하도록 돕는다. **고객의 신념인 "생각이 인생을 지배한다."**라는 말을 코치가 되짚어 주며, 이를 고객 스스로 자신의 삶을 이끄는 에너지로 인식하게 한다. 이 과정은 고객이 외부 환경이 아닌 자신의 내면에서 방향을 회복하게 해준다.

예: "그 신념이 고객님을 지금까지 어떤 방향으로 이끌어 왔나요?"

④ 시간 프레임 설정(Time-framing)

목표를 구체적인 시간 축에 올려 현실적인 실행 계획으로 전환시키는 기법이다. 장기 목표를 중단기 계획으로 나누어 실천의 기반을 마련한다.

예: "그 목표를 언제쯤 현실화하고 싶으신가요?"
"1년 후엔 어떤 변화가 있기를 바라시나요?"

⑤ 실행 계획 유도(Action Planning)

고객이 스스로 구체적인 계획을 말하게 하여 생각을 행동으로 전환시킨다. 고객이 "영어 공부 루틴 만들기", "PCC 준비", "박사 정보 수집" 등 구체적인 계획을 스스로 말하게 함으로써, 변화의 방향이 생각에서 행동으로 전환된다. 이때 코치는 어떤 방법도 제시하지 않지만, 고객이 스스로 계획을 말할 수 있도록 공간을 마련해 주는 역할을 한다.

예: "그 목표를 향해 이번 달 안에 할 수 있는 첫걸음은 무엇일까요?"

⑥ 자기 신념 명료화(Clarifying Beliefs)

고객의 핵심 신념을 자각시켜 삶의 방향과 선택의 나침반으로 세

운다. 신념은 단순한 말이 아니라 삶의 방향과 선택을 이끄는 내면의 나침반이다. 이를 의식화하는 과정은 매우 강력한 전환점을 만들어낸다.

예: “이 신념(혹은 믿음)이 지금 도전 앞에서 어떤 힘이 되어주고 있나요?”

5. 요즘 자꾸 우울한 마음이 드네요 - 마음의 회복

코치 안녕하세요, 오늘 어떤 이야기를 할까요?

고객 안녕하세요. 코치님. 요즘 계속 우울해요. 뉴스에서 전쟁 얘기, 정치 불안, 사람들은 전세 사기를 당하고…. 매일 불안한 마음이 커지고 있어요.

코치 그런 상황에서 마음이 많이 불안하셨겠어요. 최근 가장 불안하게 느껴졌던 순간은 언제였나요? 〔① 공감과 경청〕

고객 최근에 접촉사고가 나서 그 일이 계속 마음에 걸려요. 현장에서 보험사 직원이 대인접수를 해준다고 했는데, 다음 날 병원에 갔더니 전혀 다른 이야기가 나왔어요. 화가 나고, 몸도 아프고, 나 자신이 너무 한심하게 느껴졌어요.

코치 정말 당황스러우셨겠어요. 그때 어떤 생각이 드셨나요?

고객 내가 보험사를 너무 믿었던 것, 사람들이 다 상식적으로 행동할 거라 생각한 것, 그런 것들이 다 배신처럼 느껴져서 내가 너무 어리석고, 나쁜 상황에 처해 있는 게 마치 내 잘못 같았어요.

코치 그 상황에서 그런 생각이 든 이유는 무엇일까요?

고객 아마 내가 너무 믿고 의지했기 때문인 것 같아요. 사람들이 다 상식적으로 행동할 거라고 믿었거든요. 그런데 그 믿음이 배신당하니까 너무 혼란스러웠어요.

코치 그렇군요. 그때의 감정을 어떤 물건이나 상황에 비유할 수

있을까요? 〔② 사물로 비유하기〕

고객 제 마음은 갈기갈기 찢어진 걸레 같아요. 너무 상처받고 찢겨져서 쓸모없어진 것 같아요.

코치 그렇다면, 그 걸레를 어떻게 다루면 마음이 가벼워질 수 있을까요? 〔② 사물로 비유하기〕

고객 음… 그걸 태워버리면 어떨까요?

코치 그렇다면, 그걸 불태운다고 상상하면서 눈을 한번 감아보세요. 그걸 태우고 난 뒤, 어떤 느낌이 들까요? 〔③ 상상 기법〕

고객 (잠시 눈을 감고) 불태우니까, 걸레가 다 사라지고, 아무것도 남지 않아요. 이제 마음이 조금 가벼워진 느낌이에요. 마치 새로 시작한 것 같은 기분이에요.

코치 정말 멋지네요. 그 기분이 들고 나서, 앞으로 그 감정을 어떻게 다루고 싶으신가요?

고객 앞으로는 불안하거나 우울해하지 않고, 내 감정을 잘 다루는 방법을 찾고 싶어요. 다른 사람들에게 내 감정이 휘둘리지 않도록 하고 싶어요. 좀 더 즐겁게 살고 싶어요.

코치 즐겁게 살고 싶다는 말씀이시군요. 그럼 '즐겁게 산다'는 것은 고객님에게 어떤 의미일까요?

고객 제 감정을 잘 다루고, 제 자신을 사랑하면서 주체적으로 살아가는 거죠. 다른 사람들의 생각이나 행동에 내 감정이 흔들리지 않도록 하는 거예요.

코치 정말 멋진 생각입니다. 그럼 고객님이 '즐겁게 살기 위해'

첫 번째로 무엇을 시도해 보고 싶으세요? 〔④ 자기주도적인 목표 설정〕

고객 일단, 감정을 바로바로 반응하지 않고 잠시 멈추고 생각해 보는 습관을 길러야 할 것 같아요. 그렇게 하면 내 감정이 더 안정될 것 같아요.

코치 아주 좋은 시작입니다. 그 습관을 기르는 과정에서 어떤 점이 가장 어려울 것 같나요?

고객 아마 내가 순간적으로 화가 나거나 불안할 때 그 감정을 잠시 멈추고 생각하는 게 어려울 것 같아요. 하지만 그게 중요하다는 걸 알았어요.

코치 그렇다면, 그 어려움을 극복하기 위해 어떤 방법을 시도해 보고 싶으세요?

고객 감정을 느낀 순간, 잠깐 멈추고 깊게 숨을 쉬면서 내 마음을 가라앉히는 방법을 시도해 보고 싶어요.

코치 정말 좋은 방법입니다. 그렇게 하시면 더 차분하게 감정을 다룰 수 있을 거예요. 오늘 대화에서 어떤 점이 가장 큰 깨달음이었나요?

고객 이제 더 이상 제 자신을 자책하지 않기로 했어요. 모든 일이 일어날 수 있는 일이고, 내가 그것에 어떻게 반응할지가 중요하다는 걸 알았어요. 저는 그걸 받아들이고 앞으로 더 강해질 거예요.

코치 정말 멋진 깨달음입니다. 그 깨달음을 바탕으로, 더욱 주체적이고 즐거운 삶을 살아가시길 응원합니다. 오늘 대화가 조금이라도 도움이 되었으면 좋겠습니다. [⑤ 긍정적인 강화]

고객 감사합니다. 덕분에 마음이 많이 편해졌어요.

코칭 기법

① 공감과 경청(Empathy & Active Listening)

고객의 감정을 깊이 이해하고, 판단 없이 들어주는 것이다. 이 기법은 고객이 '나의 이야기가 존중받고 있다'는 심리적 안전감을 느끼게 해주며, 감정을 있는 그대로 표현할 수 있도록 돕는다.

예: "최근 가장 불안하게 느껴졌던 순간은 언제였나요?"

② 사물로 비유하기(Using Metaphors & Analogies)

자신의 감정을 사물이나 상황에 비유하도록 유도하는 방법이다. 이를 통해 고객은 추상적인 감정을 구체적이고 시각적으로 인식할 수 있게 되며, 감정의 성격을 새롭게 바라볼 수 있다.

예: "그때의 감정을 어떤 물건에 비유한다면 무엇일까요?"

③ 상상 기법(Guided Visualization & Imagination Technique)

감정을 직접 다루기 어려울 때, 상상과 시각화를 활용하여 감정을 재구성하게 하는 기법이다. 불안을 불태우거나, 감정을 다른 이미지로 변환하는 과정을 통해 내적 치유와 해방감을 경험하게 한다.

예: "그 걸레를 태운다고 상상해 보세요. 어떤 느낌이 드나요?"

④ 자기주도적인 목표 설정(Self-directed Goal Setting)

고객이 스스로 실천 가능한 작은 목표를 세우고, 이를 선택하도록 유도한다. 이 과정은 고객의 주체성을 회복시키고, 변화에 대한 자기 효능감을 강화한다.

예: "즐겁게 살기 위해 지금 당장 할 수 있는 작은 행동은 무엇일까요?"

⑤ 긍정적인 강화(Positive Reinforcement)

고객의 깨달음과 변화의 순간을 인정하고 격려하는 과정이다. 이 기법은 고객이 스스로를 신뢰하고, 앞으로의 행동을 지속할 수 있는 동기 부여를 제공한다.

예: "정말 멋진 깨달음입니다. 앞으로 더욱 주체적이고 즐겁게 살아가시길 응원합니다."

6. 조직에서 갈등 - 일하면서 생겼던 갈등

코치 안녕하세요. 오늘 저와 어떤 이야기를 나누고 싶으신가요?

고객 제가 회사 1~2년 차 개발자인데요. 저는 비전공자고, 국가 지원 과정을 통해 이 분야에 들어왔어요. 그런데 제 상사는 전공자에 경력도 많으셔서 그런지, 저를 좀 무시하고 함부로 대하세요. "국가×× 때문에 먹고살기 힘들다." 이런 말도 들었고요.

코치 그런 말을 들었을 때, 고객님 마음은 어떠셨나요? 〔① 감정 확인 질문〕

고객 당황했고, 화도 났어요. 그런데 제가 먹고살아야 하니까 그냥 참았어요. 그 상황에서 아무 말도 못 했던 게 지금도 억울해요.

코치 참으면서도 마음 한편에는 '이건 아니다' 싶은 생각이 드셨던 걸까요?

고객 네, 맞아요. 근데 그때는 말을 꺼내는 것도 무서웠고, 제가 뭘 어떻게 해야 할지도 몰랐어요.

코치 만약 그 상황으로 다시 돌아간다면, 또는 비슷한 상황이 다시 온다면 어떻게 대응하고 싶으신가요?

고객 음… 그냥 참기보다는 제 입장을 좀 말하고 싶어요. 저도 이 일을 진지하게 하고 있다는 걸요.

코치 제가 그 상사라고 생각하고, 그때 하고 싶었던 말을 직접

해보시겠어요? [② 역할극]

고객 네… "선배님, 저는 비전공자라 부족할 수 있어요. 하지만 국가과정을 통해 배웠고, 이 일에 진심으로 임하고 있습니다. '국가××'라는 표현은 좀 당황스러웠어요. 그런 표현보다는 제가 배워나갈 수 있도록 도와주시면 정말 감사할 것 같아요."

코치 말씀 잘하셨어요. 그 말을 하고 나니까 어떤 느낌이 드시나요?

고객 속이 좀 시원해요. 물론 현실에서는 이렇게 말 못 할 수도 있지만, 말할 수 있었던 제 자신이 대견해요.

코치 그 말을 통해 지키고 싶었던 고객님의 가치는 무엇일까요? [③ 가치 탐색]

고객 존중받고 싶었어요, 또 저도 팀의 일원으로 인정받고 싶었어요.

코치 네, 그건 조직에서 누구에게나 중요한 가치죠. 그 가치를 지키면서도 상황을 건강하게 돌파할 수 있는 다른 방법이 있다면, 어떤 것들이 떠오르시나요? [④ 선택지 열기]

고객 앞으로는 상황을 일기처럼 정리해서 감정이 올라올 때 한 번 정리하고, 그 후 차분히 얘기해 보려고 해요. 말은 못 하더라도 저를 보호하는 방식으로요.

코치 아주 좋은 방법이네요. 고객님의 존엄과 의지를 지키는 방식으로, 갈등을 다루는 지혜가 느껴집니다. [⑤ 자기존중 강화]

오늘 이 대화를 통해 얻은 가장 중요한 통찰은 무엇인가요?

고객 참는 것도 필요하지만, 제가 존중받아야 할 사람이라는 걸 스스로 먼저 인정하는 게 중요하다는 걸 알게 됐어요.

코칭 기법

① 감정 확인 질문(Emotion-check Question)

고객이 억눌렀던 감정을 안전하게 인식하고 표현하도록 돕는 질문이다. 감정을 숨기지 않고 드러낼 수 있어, 자기 이해와 감정 해소가 가능하다.

예: "그런 말을 들었을 때, 고객님 마음은 어떠셨나요?"

② 역할극(Role Play)

실제 갈등 상황을 재현하고, 다른 대응 방식을 시뮬레이션하는 기법이다. 실제 상황에서 말하지 못했던 생각을 시도해 봄으로써, 자기 표현의 자신감과 실제 대처 전략을 강화할 수 있다.

예: "제가 그 상사라고 생각하고, 하고 싶었던 말을 직접 해보시겠어요?"

③ 가치 탐색(Value Exploration)

감정 뒤에 숨겨진 핵심 가치(존중, 인정, 소속감 등)를 찾아내어 의미를 재구성하는 과정이다. 단순한 '억울함'에서 벗어나, '내가 진짜 지키고 싶었던 것'을 인식하게 하여 동기와 방향성을 회복한다.

예: "그 말을 통해 지키고 싶었던 고객님의 가치는 무엇일까요?"

④ 선택지 열기(Exploring Alternatives)

갈등 상황에서 한 가지 반응(참기·폭발하기)에 머물지 않고, 다른 대응 방법을 탐색하도록 유도한다. 감정에 휘둘리기보다는, 자율성과 주도권을 회복하여 여러 해결책을 고려할 수 있다.

예: "그 가치를 지키면서도 상황을 건강하게 돌파할 수 있는 다른 방법이 있다면요?"

⑤ 자기존중 강화(Positive Reinforcement)

고객이 스스로 인식한 변화와 깨달음을 인정하고 지지하는 기법이다. 작은 성취도 존중받는 경험을 통해, 자기 효능감과 내적 회복력을 키워준다.

예: "고객님의 존엄과 의지를 지키는 방식으로, 갈등을 다루는 지혜가 느껴집니다."

7. 상사들이 본인들 일을 저에게 떠넘겨요 - 조직 코칭 관점 대화

코치 안녕하세요. 오늘 이야기 나누고 싶은 주제가 무엇인가요?

고객 상사들이 자기 일을 저한테 시켜요. 그 일은 신입이 하기엔 어려운 일인데, 시키고선 본인들은 퇴근해 버려요. 제가 뭘 어떻게 해야 할지 모르겠어요.

코치 그런 상황에 놓였을 때, 고객님 마음에는 어떤 감정이 올라왔나요? [② 감정 인식 & 안전감 확인]

고객 억울하고 화가 났어요. '왜 나한테 이걸 떠넘기지?' 싶었고요. 근데 또 말을 못 하겠더라고요.

코치 그 순간 '말을 못 하겠다'고 느낀 건 어떤 이유에서였을까요? [② 감정 인식 & 안전감 확인]

고객 제가 신입이니까… 괜히 항의하면 찍힐까 봐요. 아직 조직에 적응도 덜 됐고요.

코치 그런 감정 안에서 고객님이 가장 지키고 싶었던 것은 무엇이었을까요?

고객 저도 팀원으로 존중받고 싶었고요. 제가 감당하기 어려운 일에는 미리 상의가 있었으면 했어요.

코치 그 일을 맡았을 때, 역할상 고객님에게 주어진 책임 범위는 어디까지였나요? [① 역할 경계 탐색]

고객 사실 제가 맡은 프로젝트는 따로 있었고요, 그 일은 원래 그 상사의 업무였어요. 근데 제가 신입이라는 이유로 넘기신 것 같아요.

코치 그럼 그 상황은 '역할의 경계'가 명확히 설정되지 않은 상태였군요. 만약 그때로 다시 돌아간다면, 어떤 말을 해보고 싶으신가요? **〔③ 상상 역할극〕**

고객 음… "선배님, 이 업무는 제가 아직 잘 모르는 영역이라 바로 맡기엔 부담이 됩니다. 먼저 설명을 듣거나 함께 검토할 시간이 있으면 좋겠습니다."라고 말해보고 싶어요.

코치 그 말을 하게 된다면 어떤 변화가 생길 수 있을까요? **〔④ 자기 표현 시뮬레이션〕**

고객 제 역할을 좀 더 명확히 하고, 무조건 받아들이기보다는 '조율할 수 있다'는 걸 알게 될 것 같아요.

코치 그렇다면 앞으로 비슷한 상황이 오면, 어떤 방식으로 자신을 표현해 보고 싶으신가요? **〔⑤ 조직 내 관계 재설계〕**

고객 그냥 참고 넘기기보다는, '제가 지금 맡고 있는 일의 일정상 어려움이 있다'는 걸 설명하고, 우선순위를 함께 조정해 보자고 말하고 싶어요.

코치 아주 건강한 표현이네요. 오늘 이 대화를 통해 어떤 인식의 전환이 있었나요?

고객 제 감정을 억누르는 대신, '말할 수 있다'는 가능성을 다시 떠올렸어요. 조직에서 저도 제 역할을 지킬 수 있다는 걸요.

코칭 기법

① 역할 경계 탐색(Role Boundary Exploration)

해당 업무가 누구의 책임인지, 역할 범위가 어디까지인지 함께 명확히 하는 기법이다. 역할이 불명확하면 과도한 부담이 개인에게 쏠리므로, 경계를 드러내어 구조적 문제로 전환하는 것이 목적이다. 구체적 사실(계약·직무 기술·프로젝트 소관)을 묻고, 필요하면 문서·사례를 함께 확인한다.

예: "그 일은 고객님 역할 범위에 포함되나요?"

② 감정 인식 & 안전감 확인(Emotion Awareness & Safety Check)

현재 떠오르는 감정을 이름 붙이고(명명), 그 감정을 표현해도 안전한지 확인하는 과정이다. 감정을 밖으로 꺼내는 동안 심리적 안전감을 주면 고객이 더 솔직하게 상황을 말할 수 있다. 우선 감정을 묻고, 안전성(보복·불이익 우려 등)을 함께 점검한다. 공감 문장으로 응답해 안전감을 강화한다.

예: "그 순간 어떤 감정이 드셨나요?" "말하기 어려웠던 이유는 무엇인가요?"

③ 상상 역할극(Emotion Awareness & Safety Check)

실제 상황을 재연해 보며 고객이 말하고 싶은 바를 직접 연습하도록 돕는 기법이다. 말로만 연습하는 것이 아니라 몸짓·톤·표정까지 시뮬레이션하면 현실 상황에서의 불안이 줄고 표현이 자연스러워진다.

예: "그 상황으로 다시 돌아간다면 어떤 말을 하고 싶으신가요?"

④ 자기표현 시뮬레이션(Self-expression Simulation)

역할극 이후 고객이 사용할 구체적 문장·진술 방식(요청·경계표현·대안 제시 등)을 연습하고 다듬는 단계이다. 공격적이지 않으면서도 명확한 표현을 설계해 실제 상황에서 말할 수 있게 만드는 것이 목적이다.

예: "이런 방식으로 표현한다면 어떤 변화가 생길까요?"

⑤ 조직 내 관계 재설계(Relational Reframing in Organization)

개인의 문제(예: 불만·피로)를 조직 구조·문화 관점으로 재해석하고, 팀 규칙·회의 방식·업무 분배 등 시스템적 변화를 설계하는 기법이다. 개인이 혼자 짊어지지 않도록 제도·절차를 바꾸는 것이 핵심이다. '사전 안건 공유', '업무 소관 명시', '우선순위 협의 회의' 같은 구체적 제안을 함께 설계하고, 실행 가능성을 단계별(파일럿 → 피드백 → 표준화)로 마련한다.

예: "이런 일이 반복되지 않으려면, 팀 안에서 어떤 합의가 필요할까요?"

8. 고객이 비현실적인 요구를 합니다 - 멘탈 코칭 × 조직 코칭 대화

코치 안녕하세요. 오늘은 어떤 상황을 나누고 싶으신가요?

고객 고객들이 말도 안 되는 요구를 할 때가 있어요. 예를 들면 “이건 무조건 해주세요.”라고 말하면서, 우리가 그걸 못 한다고 하면 “왜요? 능력이 안 되세요?”라고 비아냥거리면서 말해요.

코치 그런 말을 들었을 때, 고객님 마음에 가장 먼저 떠오른 감정은 무엇이었나요? 〔① 감정 인식 & 명명〕

고객 솔직히 자존심이 상했어요. ‘내가 무능한 것도 아닌데 왜 이렇게까지 얘기하지?’ 싶었고요. 한편으론 너무 억울했어요. 우리가 할 수 없는 구조인데….

코치 자존심이 상한 그 순간, 마음속에서는 어떤 생각이 들었나요?

고객 ‘나를 공격하는 건가?’ ‘이걸 참아야 하나?’ ‘그냥 끊어야 하나?’ 여러 생각이 복잡하게 떠올랐어요. 그 와중에도 고객이니까 웃으며 넘겨야 하나 싶기도 했고요.

코치 그런 생각이 머리를 스칠 때, 몸이나 표정에도 어떤 변화가 있었나요?

고객 얼굴이 확 달아오르고, 목이 뻣뻣해지는 느낌이었어요. 속은 부글부글했는데 겉으로는 괜찮은 척했죠.

코치 감정을 억누르느라 굉장히 많은 에너지를 쓰셨겠어요. 그런 순간에 고객님이 스스로에게 해줄 수 있는 말이 있다

면, 어떤 말이 있을까요? [② 자기 안정화 문장]

고객 "괜찮아, 이건 네 능력의 문제가 아니라 구조적 한계야. 너는 지금 충분히 잘하고 있어."라고 말해주고 싶어요.

코치 네, 자기 자신에게 그런 인정을 해주는 건 감정을 지키는 중요한 첫걸음이죠. 그런 상황에서 고객님이 전달하고 싶은 '진짜 메시지'는 무엇이었나요?

고객 "이건 저희 시스템 구조상 불가능한 일입니다. 저의 능력 문제가 아닙니다." [③ 경계 설정] 그리고 "저희가 도와드릴 수 있는 다른 방안은 이렇습니다."라고 말하고 싶었어요. [④ 대안 제시]

코치 그렇게 말할 수 있었다면, 어떤 감정이나 변화가 있었을까요?

고객 억울함이 좀 덜했을 것 같아요. 나를 지키면서도 고객과의 관계도 끊지 않는 방법이니까요.

코치 앞으로 비슷한 상황이 다시 생긴다면, 어떤 방식으로 자신을 보호하고 메시지를 전달하고 싶으신가요? [⑤ 역할 인식]

고객 감정을 먼저 알아차리고요. 고객의 말에 휘둘리기보다는, '이건 우리 팀 전체의 구조적 이슈다'라는 걸 명확히 설명할 수 있도록 연습해야겠어요. 그리고 대안 제시도 함께요.

코치 정말 멋진 전략이네요. 오늘 대화를 통해 얻은 가장 큰 통찰은 무엇이었나요?

고객 화가 난 건 당연한 감정이고, 그 감정에 휘둘리기보단 구조적으로 대화할 수 있는 힘이 제 안에 있다는 걸 알게 됐어요.

코칭 기법

① 감정 인식 & 명명(Emotion Awareness & Labeling)

감정이 혼란스럽거나 뒤섞여 있을 때, 구체적으로 언어화하여 이름 붙이는 과정이다. 감정에 이름을 붙이면 막연한 불편감이 '정리된 감정'으로 바뀌면서 객관화가 가능해진다. 이는 자기 통제력을 높이고 감정의 에너지를 긍정적 방향으로 돌릴 수 있게 한다.

예: "그 말을 들었을 때, 고객님 마음속에서 가장 먼저 올라온 감정은 무엇인가요?"
"그 감정을 한 단어로 표현한다면 어떤 말이 좋을까요?"

② 자기 안정화 문장(Self-soothing Statement)

감정적으로 흔들릴 때 스스로를 진정시키는 내면의 언어습관을 만드는 기법이다. 불안을 줄이고, 자기비난 대신에 자기지지(Self-compassion)를 경험하게 한다.

예: "그 순간 스스로에게 어떤 말을 해주고 싶으셨나요?"
"지금의 나에게 필요한 위로의 한 문장을 만든다면 어떤 얘기를 해주고 싶으세요?"

③ 경계 설정(Boundary Setting)

상대의 요구와 나의 역할·책임을 구분해 선을 긋는 과정이다. 무조건적인 '희생'이 아니라, 건강한 관계를 유지하면서도 나의 권리와 한계를 지킬 수 있다.

예: "그 상황에서 고객님이 진짜로 전달하고 싶었던 메시지는 무엇인가요?"

④ 대안 제시(Alternative Suggestion)

단순히 '안 된다'에서 끝내지 않고, 가능한 다른 선택지를 제시하는 기법이다. 갈등을 부드럽게 완화하고, 협력적인 분위기를 유지할 수 있다. 고객은 '거절당했다'는 느낌 대신 '함께 해결책을 찾았다'는 경험을 하게 된다.

예: "그 상황에서 가능한 다른 선택지를 제시할 수 있다면 어떤 게 있을까요?"

⑤ 역할 인식(Role Awareness)

개인의 문제로 받아들이지 않고, '나'와 '팀/조직'의 책임을 구분해 바라보는 관점이다. 불필요한 자기 비난을 줄이고, 문제를 개인화하지 않으면서도 건강하게 역할을 수행할 수 있다. 또한 팀 차원의 대응 방안을 함께 찾을 수 있게 한다.

예: "이 상황을 개인의 문제로 보지 않고, 조직적 맥락에서 본다면 어떤 구조가 작용했을까요?"

9. 나는 뒤처지고 있는 걸까? - 내러티브 코칭 대화

코치 안녕하세요. 오늘은 어떤 이야기를 함께 나눠보고 싶으세요?

고객 요즘 일을 하다 보니까 제 코딩 기술이 늦어지는 것 같아요. 남들이 시키는 일만 하다 보니 위기감이 들어요. 다른 개발자들은 5년 차면 데이터 분석이나 설계, 아키텍처도 하는데, 저는 그런 흐름에서 멀어진 것 같아요.

코치 네…. 남들이 가는 속도와 비교되면서 조급함과 불안이 드셨겠어요. 그 위기감 안에는 어떤 생각이 가장 강하게 떠오르셨나요?

고객 저는 그냥 뒤처지고 있다는 생각이 들어요. 이 상태로는 AI 시대에 개발자로 살아남기 어려울 것 같아요.

코치 그 '뒤처진다'는 생각은 고객님 안에서 어떤 이야기로 자리 잡고 있는 걸까요?

고객 음… '나는 방향 없이 떠밀려 가고 있다.' '내 실력은 정체되어 있다.' '나는 중요한 설계나 분석 같은 핵심 역할은 못 한다.' 이런 이야기들이요.

코치 그 이야기를 처음 느낀 건 언제부터였나요?

고객 아마 2~3년 차 때부터요. 똑같은 유지보수나 외주성 업무만 반복되니까요. 한 번도 '내가 이걸 왜 하고 있지?'라는 질문에 답을 못 했어요.

코치 그때부터 지금까지 이어진 이야기는, 고객님 삶에 어떤 영향을 주고 있나요?

고객 열정도 줄고, 미래를 기대하지 않게 됐어요. 그냥 생존하려고, 버텨야 하니까 다니는 느낌이에요.

코치 지금 이 이야기를 다른 시각에서 바라본다면, 어떤 해석도 가능할까요? **〔② 책임 해석〕**

고객 음… 제가 '안 하고 있는 게 아니라, 환경이 그렇게 되도록 흐르고 있었다'는 생각도 드네요. 능력보다 '기회 구조'가 컸던 것 같기도 하고요.

코치 그렇다면, 고객님은 늘 뒤처진 사람이 아니라, 멈춰 있었던 흐름에서 벗어나려는 사람일 수도 있겠네요. **〔① 전환 지점〕**

고객 그렇게 생각하니까… 뭔가 나쁜 상황이 아니라, 방향을 다시 잡아야 하는 시점인 것 같아요.

코치 지금 이 지점에서 새롭게 만들어가고 싶은 이야기는 어떤 이야기인가요? **〔③ 가능성 감정〕**

고객 '나는 늦었지만 돌아보고 방향을 다시 선택할 수 있는 사람이다.' '나만의 영역을 만드는 개발자가 되기 위해 지금부터 하나씩 실험하고 축적해 간다.'

코치 멋진 이야기예요. 그 새 이야기를 살아가기 위한 첫 번째 작은 실천은 무엇이 될까요?

고객 작은 사이드 프로젝트를 혼자서라도 하나 만들어보는 거요. 혹은 블로그에 일주일에 한 번 정리하는 글이라도 쓰기.

코치 오늘 이 대화를 통해 가장 마음에 남은 문장은 무엇인가요?

고객 '나는 방향을 다시 선택할 수 있는 사람이다.' 그 말이 저를 조금 덜 초조하게 만들었어요.

코칭 기법

① 전환 지점(Transition Point)

내담자가 부정적인 시각에서 벗어나 새로운 관점으로 전환하는 순간을 이끌어내는 기법이다. 자신이 변화할 수 있는 존재임을 자각하게 되어, 무력감 대신 희망과 주도성을 느끼게 한다.

예: "그 이야기를 다른 시각에서 보면, 어떤 새로운 의미도 있을까요?"

② 책임 해석(Reframing Responsibility)

문제를 자기 비난으로만 해석하지 않고, 상황·환경·구조적 요인과 함께 바라보도록 돕는 기법이다. 자기 비난에서 벗어나 건설적인 자기 이해로 나아가며, 앞으로 어떤 책임을 건강하게 감당할지 선택할 수 있다.

예: "그 일이 이렇게 흘러가게 된 데에는 어떤 외부 요인도 있었을까요?"

③ 가능성 감정(Emotion of Possibility)

내담자가 새로운 가능성을 발견하고, 그 가능성을 감정적으로 체험하도록 돕는 기법이다. 미래에 대한 두려움 대신 희망과 자신감을 경험하게 하여, 실제 행동으로 이어질 에너지를 만들어냅니다.

예: "지금 떠오른 새로운 이야기를 한 문장으로 표현한다면 어떤 말이 될까요?"

10. 자녀와의 갈등, 어떻게 하면 좋을까요?

코치 안녕하세요. 저와 어떤 이야기를 나누면 좋을까요?

고객 안녕하세요, 코치님. 요즘 첫째 아이와 관계가 좋지 않아요. 제가 자꾸 화를 내게 되고, 얼마 전엔 매를 들기도 했어요.

코치 네, 아이와의 관계가 힘들게 느껴지고, 스스로도 화를 조절하기 어려운 순간이 있으셨군요. 최근에 어떤 일이 있었는지 구체적으로 이야기해 주실 수 있을까요?

고객 첫째가 13살인데요. 아마 사춘기인 것 같아요. 학교 갈 시간이 다 됐는데 미적거리고, 빨리 준비하라고 하면 시큰둥하게 대답해요.

코치 그런 상황에서 어떤 감정이 드셨나요? [① 감정 탐색]

고객 답답하고, 무시당하는 느낌도 들고, 결국 화가 터졌어요.

코치 그때 드셨던 감정과 생각을 이렇게 정리해 보면 될까요? '내 말을 아이가 진지하게 듣지 않는다 → 나는 무시당했다 → 화가 난다'.

고객 네, 맞아요. 딱 그래요.

코치 만약 이 상황을 다르게 해석할 수 있다면, 어떤 해석이 가능할까요? [② 인지 재구성]

고객 음… 애가 진짜 게을러서 그런 게 아니라, 사춘기라서 자기 페이스를 찾고 싶어 하는 걸 수도 있을 것 같아요.

코치 네, 그렇게 바라보면 지금 아이의 행동이 '게으름'이라기보다는 '자율성을 찾으려는 신호'일 수도 있겠네요. 이걸 알게 되었을 때, 부모로서 어떤 새로운 선택이 가능할까요? 〔③ 선택지 확장〕

고객 바로 화를 내지 않고, "지금 몇 시야?"라든지, 아이가 스스로 인식하게 도와주는 말을 할 수 있을 것 같아요.

코치 정말 좋은 접근입니다. 〔⑤ 긍정적 강화〕 혹시 앞으로 비슷한 상황이 오면, 어떻게 감정을 다루면 좋을까요?

고객 네. 화가 올라올 때 5초만 멈추고 심호흡하기, 그리고 아이에게 질문하기.

코치 아주 구체적이고 강력한 전략입니다. 마지막으로, 아이와 관계를 조금씩 회복하기 위해 이번 주에 하나 실천할 수 있는 작은 행동은 무엇일까요? 〔④ 구체적 실천 계획 설정〕

고객 음… 아이가 준비를 잘했든 못했든, 집에서 나갈 때는 "잘 다녀와."라고 따뜻하게 인사하는 걸 해볼게요.

코치 훌륭합니다. 작은 변화가 큰 신뢰를 쌓는 시작이 될 거예요. 실천 후 어떤 변화가 느껴지는지 다음에 같이 나눠볼까요?

고객 네, 좋아요.

코칭 기법

① 감정 탐색(Emotion Exploration)

고객의 감정을 구체적으로 묻고, 그 감정이 어디서 비롯되었는지 탐색하는 기법이다. 막연한 불편함이 아니라 구체적인 감정(답답함, 무시당함, 화)을 인식하게 되어, 스스로 감정을 객관화할 수 있다.

예: "그런 상황에서 어떤 감정이 드셨나요?"

② 인지 재구성(Cognitive Reframing)

같은 상황을 새로운 관점으로 해석하도록 돕는 기법이다. 아이의 행동을 단순한 게으름 → 자율성 탐색으로 재구성하면서, 부모의 감정 반응도 달라진다. 즉, 문제를 보는 틀(frame)을 바꿔 불필요한 분노를 줄이고 이해의 폭을 넓힐 수 있다.

예: "만약 이 상황을 다르게 해석할 수 있다면?"

③ 선택지 확장(Expanding Choices)

감정에 끌려가기보다 새로운 행동 옵션을 찾도록 돕는 기법이다. 즉각적인 화 대신, '시간을 묻는 질문' 같은 대안적 행동을 발견하게 된다. 이는 자율성과 존중을 기반으로 한 관계 개선을 가능하게 한다.

예: "부모로서 어떤 새로운 선택이 가능할까요?"

④ 구체적 실천 계획 설정(Action Planning)

대화 속 깨달음을 작은 행동 변화로 연결시키는 기법이다. 고객이

'잘 다녀오라고 인사하기' 같은 실행 가능한 행동 목표를 세워, 대화가 단순한 성찰이 아니라 행동 변화로 이어지게 한다.

예: "이번 주에 하나 실천할 수 있는 작은 행동은?"

⑤ 긍정적 강화(Positive Reinforcement)

고객이 보여준 작은 변화와 인식을 인정하고 격려하는 기법이다. 자기 효능감(Self-efficacy)을 높여, 앞으로도 계속 실천할 동기를 강화한다.

예: "정말 좋은 접근입니다."

11. 혼자 여행을 가고 싶어요

코치 안녕하세요. 오늘 어떤 이야기를 나눠보면 좋을까요? 〔① 라포 형성〕

고객 네, 요즘 유럽 혼자 여행을 준비하고 있어요. 처음이라 설레기도 하지만 좀 막막해요. 그냥 쉬고 싶기도 하고, 의미 있는 무언가를 얻고 싶기도 하고요.

코치 그러시군요. 쉬고 싶다는 마음과 의미를 찾고 싶은 마음이 함께 있으신데, 이 두 가지는 서로 어떤 관계일까요? 〔② 문제 인식〕

고객 음… 저는 둘 중 하나만 선택해야 한다고 생각했던 것 같아요. 그냥 쉬기만 해도 되나 싶고, 의미가 없으면 시간 낭비처럼 느껴질까 봐요.

코치 휴식과 의미 있는 전환을 꼭 나눠서 생각하실 필요가 있을까요? 〔③ 탐색 및 통찰〕

고객 …그렇게 꼭 나눌 필요는 없을 것 같네요. 말씀 듣고 보니, 쉬면서도 내가 나에 대해 새롭게 느낄 수 있겠다 싶어요.

코치 지금 이 여행에 대해 떠오르는 생각을 고객님의 언어로 한 문장으로 표현해 보신다면요?

고객 이번 여행은 내 삶에 쉼과 새로운 방향을 동시에 선물해 주는 시간이고 싶어요.

코치 참 멋진 문장이네요. 그럼 이 여행에서 '쉼'과 '새로운 방향'

중, 어떤 걸 먼저 경험하고 싶으신가요?

고객 쉼이요. 너무 지쳐 있어서, 먼저 회복하고 싶어요.

코치 쉼을 선택함으로써 회복하고 싶다고 하셨는데요. 그 모습이 구체적으로 어떤 모습인가요? 〔③ 탐색 및 통찰〕

고객 초록 들판이 보이는 작은 숙소에서… 커피 마시고, 책 읽다가 그냥 낮잠 자고, 스케줄 없이 걷는 거요. 아무것도 하지 않는 시간.

코치 말씀하신 쉼, 그리고 '의미'를 찾아가는 방향성…. 어떤 장소가 고객님 마음에 떠오르세요?

고객 리스본이요. 햇살과 골목, 바다, 그리고 예술적인 분위기가 함께 있는 도시요.

코치 좋은 선택이신 것 같아요. 그럼 언제쯤 가고 싶으세요? 〔④ 실행 계획 수립〕

고객 6월쯤이요. 덥지 않고, 제 일정에도 맞아요.

코치 여행 기간은 어떻게 계획하고 계세요?

고객 10일 정도. 앞부분엔 쉼, 중간엔 워크숍이나 탐험, 마지막엔 정리하는 흐름이면 좋겠어요.

코치 예산은 어느 정도 생각하고 계세요?

고객 총 300~350만 원 정도. 감성 숙소랑 문화 체험에는 조금 더 써도 괜찮다고 생각해요.

코치 그중에서도 가장 의미 있게 소비하고 싶은 부분은 어디일까요?

고객 감성 숙소, 문화 체험, 그리고 자유롭게 돌아다닐 수 있는 여유 자금이요.

코치 이 여행은 고객님의 어떤 가능성을 일깨워 줄까요?

고객 '내 안의 가능성을 조용히 흔들어보는 시간.' 딱 그 표현이 맞는 것 같아요.

코치 그 문장을 마음에 담고 여행을 떠나신다면, 이 여정은 분명히 오래 기억될 거예요. 오늘 이야기를 나누며 어떤 변화가 느껴지셨나요? **〔⑤ 통합 및 마무리〕**

고객 처음엔 막막했는데, 지금은 방향이 잡힌 느낌이에요. 그냥 '가는 것'이 아니라 '살아내는 여행'이 될 것 같아요.

코칭 기법

① 라포 형성(Pre-Contact)

코칭의 시작 단계로, 편안한 분위기를 만들고 고객이 주제를 꺼낼 수 있도록 돕는다. 고객이 안정감을 느끼고 코치와의 신뢰(라포)가 형성된다.

예: "안녕하세요. 오늘 어떤 이야기를 나눠볼까요?"

② 문제 인식(Presenting Problem)

고객이 현재 겪는 구체적인 고민이나 주제를 드러내는 단계이다. 고객의 막연한 감정이 명확한 문제 진술로 전환되어 코칭의 방향이 잡힌다.

예: “혼자 여행을 준비 중인데, 쉼과 의미 사이에서 고민돼요.”

③ 탐색 및 통찰(Processing)

문제를 다양한 각도에서 살펴보며 가치, 욕구, 가능성을 탐색한다. 고객이 숨겨진 욕구와 본질적 가치를 발견하게 되고, 새로운 시각에서 통찰(insight)을 얻는다.

예: “쉼과 의미 있는 여행을 나눠야 할까요?”
“쉼을 구체적으로 상상해 보신다면요?”

④ 실행 계획 수립(Planning)

대화에서 얻은 통찰을 실제 실행 가능한 계획으로 구체화하는 단계이다. 일정, 장소, 예산 등 구체적인 실행 로드맵이 세워져 막연함이 사라진다.

예: “10일 동안 어떤 구조로 여행을 구성하면 좋을까요?”
“예산은 어떻게 쓰고 싶으세요?”

⑤ 통합 및 마무리(Post-Coaching)

코칭 대화를 정리하며 얻은 통찰을 확인하고, 실행 의지를 강화하는 단계이다. 고객은 자기 확신(Self-confidence)을 얻고, 대화 전과 후의 변화를 통합하여 실천 동기가 높아진다.

예: “이 여행은 고객님에게 어떤 선물이 될까요?”
“처음과 비교해 지금 어떤 변화가 느껴지시나요?”

12. 저는 무슨 일을 해야 할까요?

코치 오늘 저와 어떤 이야기를 나누면 좋을까요? 〔① 주제 탐색〕

고객 지금 졸업반인데요, 좋아하는 것도 없고, 무엇을 해야 할지 모르겠어요.

코치 그렇군요. 최근에 몰입하거나 즐거움을 느낀 경험이 있다면 어떤 게 떠오르시나요? 〔② 리소스 탐색〕

고객 딱히 없어요.

코치 네. 그렇다면, 만약 1학년으로 돌아갈 수 있다면 무엇을 해보고 싶으세요? 〔③ 시간 전환 질문〕

고객 외국에 나가서 워킹홀리데이를 해보고 싶어요. 농사 같은 힘든 일도 상관없고, 돈도 벌고 영어도 배우고 싶어요. 좀 도전적으로 살아보고 싶어요.

코치 그렇군요. 고객님에게 '도전'이란 어떤 의미인가요? 〔④ 의미 탐색〕

고객 음… 안 해본 걸 해보는 것? 새로운 나를 알아가는 과정이요. 모르는 것에 부딪혀 보는 건 저를 성장시키는 일이라고 생각해요.

코치 아주 인상적인 표현이네요. 아까 '돈', '영어'도 말씀하셨는데요. 그건 고객님께 어떤 영향을 줄 수 있을까요?

고객 영어는 제 삶을 나아지게 하는 매개체예요. 다른 사람들과 소통할 수 있게 해주는 중요한 수단이고요.

코치 영어가 고객님께 꽤 중요한 역할을 하네요.

고객 네, 그런 것 같아요.

코치 이렇게 이야기해 보시니 어떤 생각이나 감정이 스쳐 지나가시나요? **〔⑤ 감정 탐색〕**

고객 코치님과 대화하면서 느낀 건데요, 저는 '도전'을 좋아하는 사람인데, 자꾸 핑계를 대고 안정적인 삶만 추구해 왔던 것 같아요. 저 스스로 제 성장을 막아온 셈이네요.

코치 새로운 알아차림을 하셨네요. 정말 축하드려요. **〔⑥ 긍정 강화〕**

고객 감사합니다.

코치 지금 떠오르는 '도전하는 나'를 이미지화한다면 어떤 모습으로 표현할 수 있을까요? **〔⑦ 이미지화〕**

고객 거친 야생마요.

코치 어떤 의미인가요?

고객 강인한 생명력을 지닌 야생마요. 어떤 환경에서도 굴복하지 않고 나아가는, 그런 저의 모습이요.

코치 와~ 정말 멋지네요. 강인한 생명력을 가진 거친 야생마처럼, 고객님이 원하는 일에 어떤 일이든 도전하시기를 응원합니다. 그럼 이만 코칭을 마무리해도 괜찮을까요? **〔⑧ 통합 마무리〕**

고객 네. 감사합니다, 코치님.

코칭 기법

① 주제 탐색(Topic Exploration)

고객이 지금 가장 다루고 싶은 주제나 고민을 자연스럽게 꺼낼 수 있도록 돕는 단계로 자유롭게 주제를 도출한다. 코칭의 방향이 잡히고, 대화의 출발점이 마련된다.

예: "오늘 어떤 이야기를 나누면 좋을까요?"

② 리소스 탐색(Resource-based Inquiry)

고객이 이미 경험했거나 가지고 있는 강점·자원·몰입 경험을 찾아보는 질문으로 관심과 강점을 추출 시도한다. 현재 막막함 속에서도 내 안의 단서를 발견하도록 돕는다.

예: "최근 몰입한 경험 있나요?"

③ 시간 전환 질문(Time-shift Question)

과거·미래의 시점으로 시선을 옮겨 새로운 가능성을 탐색하는 기법으로 숨겨진 욕망을 유도한다. 지금의 한계를 벗어나 상상 속에서 새로운 선택지를 열 수 있다.

예: "1학년으로 돌아간다면?"

④ 의미 탐색(Meaning Exploration)

고객이 말하는 단어나 선택 속에 숨어 있는 핵심가치와 의미를 찾아내는 단계이다. '하고 싶은 일'의 이면에 있는 개인적 동기와 가치관을 자각하도록 돕는다.

예: "'도전'이 고객님에게 어떤 의미인가요?"

⑤ 감정 탐색(Emotional Awareness)

고객이 스스로 감정을 자각하고 받아들일 수 있게 돕는 질문이다. 감정에 대한 인식과 수용을 통해 자기 이해가 깊어진다.

예: "어떤 생각이 스쳐 지나가나요?"

⑥ 긍정 강화(Acknowledgement)

고객의 새로운 깨달음과 시도를 인정하고 격려하는 단계이다. 정서적 지지를 통해 자신감을 회복하고 실행 의지를 높인다.

예: "새로운 알아차림이네요. 축하드립니다."

⑦ 이미지화(Visualization)

고객이 자신을 상징적인 이미지로 표현하도록 유도하는 기법이다. 내면 자원이 구체적 이미지로 강화되어 동기 부여로 이어진다.

예: "도전하는 나를 이미지화한다면?"

⑧ 통합 마무리(Integration)

대화에서 얻은 인사이트를 하나로 통합하고 실행의 에너지로 연결한다. 세션을 마무리하면서 고객이 실천으로 이어가도록 힘을 북돋아 준다.

예: "오늘 대화에서 얻은 깨달음을 앞으로 어떻게 활용하시겠습니까?"

13. 이 길이 정말 맞는 걸까? - 내러티브 코칭

코치 안녕하세요. 요즘 가장 자주 드는 생각은 어떤 건가요?

고객 그냥… 매일매일 같은 일의 반복이에요. 왜 하는지도 모르겠고, 의미도 없고요.

코치 이 일이 처음 의미 있었던 적도 있었나요? 〔① 과거의 의미 재조명〕

고객 신입 때는 그래도 인정받고 싶어서 열심히 했죠. 내가 성장하고 있다는 느낌도 있었고요.

코치 그때의 '성장하는 나'는 어떤 사람이었나요? 〔② 열망·정체성 연결〕

고객 배움에 열려 있고, 뭔가를 이루고 싶어 했던 사람이요. 지금은 그런 열정이 다 사라진 것 같아요.

코치 지금의 이야기를 듣고 있자니, '성장하고 싶은 열망'이 여전히 안에 살아 있는 것처럼 느껴져요. 혹시, 요즘 그 감정을 다시 느끼게 한 순간이 있었나요?

고객 얼마 전에 지인 부탁으로 대학생 멘토링을 했는데… 그때는 정말 몰입해서 했어요. 끝나고 나서 기분이 되게 좋더라고요.

코치 그 경험은 고객님의 이야기에 어떤 새로운 장을 열어줬나요?

고객 '사람을 돕는 일, 내가 가진 경험을 전하는 일'에 의미를 느끼는 나를 발견한 것 같아요.

코치 그 이야기를 새로운 서사로 풀어본다면, 어떤 제목을 붙일 수 있을까요? 〔③ 새로운 이야기 재서사〕

고객 음… '안정된 틀을 넘어, 나를 살아가게 하는 여정'?

코치 살아내기 위해, 지금 당장 할 수 있는 작은 발걸음은 어떤 것이 있을까요? 〔④ 작은 실천 설계〕

고객 멘토링 같은 활동을 더 찾아보고, 진짜 내가 하고 싶은 일이 뭔지 적어보는 것부터요.

코칭 기법

① 과거의 의미 재조명(Reframing Meaningful Past)

고객이 이미 경험한 긍정적 순간을 다시 떠올리게 하여, 현재 상황을 다른 시각에서 볼 수 있도록 돕는다. 현재의 무기력감을 해소하고, 과거의 힘을 자원으로 다시 활용할 수 있다.

예: "이 일이 처음 의미 있었던 적도 있었나요?"

② 열망·정체성 연결(Connecting Identity & Aspiration)

고객의 현재 고민을 '내적 열망'이나 '자기 정체성'과 연결시켜, 진짜 원하는 모습을 다시 찾도록 한다. 고객이 본질적인 동기와 가치를 재발견하도록 돕는다.

예: "그때의 '성장하는 나'는 어떤 사람이었나요?"

③ 새로운 이야기 재서사(Narrative Reconstruction)

기존의 제한적이고 부정적인 이야기에서 벗어나, 고객이 원하는 삶을 새로운 이야기로 다시 구성하게 한다. 고객은 삶의 의미와 방향성을 재정립할 수 있다.

예: "그 이야기를 새로운 서사로 풀어본다면, 어떤 제목을 붙일 수 있을까요?"

④ 작은 실천 설계(Action Planning through Small Steps)

대화에서 얻은 통찰을 구체적인 행동으로 연결하는 단계이다. 작은 실천을 통해 고객이 현실에서 즉시 변화를 체감하도록 한다.

예: "그 제목을 살아내기 위해, 지금 당장 할 수 있는 작은 발걸음은 무엇일까요?"

14. 다시 나를 살아내기 위한 첫걸음

코치 안녕하세요. 요즘 가장 많이 드는 생각은 어떤 건가요?

고객 예전처럼 다시 일을 하고 싶어요. 그런데… 자신이 없어요. 뭘 해야 할지도 모르겠고요.

코치 자신감이 떨어졌다고 느끼시는데, 예전엔 어떤 일 하셨나요?

고객 해외홍보팀에서 일했어요. 팀장까지 맡았었고요. 그때는 일 욕심도 많았죠.

코치 그 시절의 고객님은 어떤 사람이었나요? 〔① 스토리 되짚기〕

고객 기획도 잘하고, 일도 똑 부러지게 처리했어요. 나름 인정도 많이 받았고요.

코치 그 고객님이 지금 이 자리에 있다면, 뭐라고 이야기해 줄 것 같아요?

고객 "넌 그때도 잘했고, 지금도 잘할 수 있어."라고 말해줄 것 같아요. (잠시 웃으며) 그런데… 그게 잘 안 믿기네요.

코치 지금까지 해온 일 중에서 '내가 정말 잘 해냈다' 싶은 일이 있을까요?

고객 음… 회사 일도 그렇지만, 사실은 육아요. 아이 키우면서 혼자서 다 감당했거든요. 그런데 그걸 성과라고는 생각 못 했어요.

코치 오히려 누군가는 그 경험에서 엄청난 능력을 보고 배울 수도 있을 것 같아요. 육아를 하며 새롭게 얻은 능력은 어떤

게 있나요? 〔② 강점 회복 질문〕

고객 감정 조절, 일정 관리, 멀티태스킹…. 그리고 아이 친구들 문제 생겼을 때 상담처럼 이야기 많이 들어줬어요.

코치 듣다 보니 사람의 이야기를 잘 들어주고, 공감해 주는 능력이 탁월하신 것 같아요. 그런 고객님이 잘 살아나는 일, 떠오르는 일이 있을까요? 〔③ 리프레이밍〕

고객 상담이나 코칭 같은 일도 괜찮겠다는 생각이 들어요. 예전엔 그런 일은 남의 일 같았는데…. 요즘은 관심이 생기더라고요.

코치 만약 그 가능성을 '작은 씨앗'이라 본다면, 지금 할 수 있는 가장 작은 행동은 뭐가 있을까요? 〔④ 미래 비전 탐색〕 〔⑤ 작은 실행 설계〕

고객 관련 책부터 읽고, 온라인 강의 하나 들어볼래요. 너무 큰 도전보다 지금은 그게 저한테 맞는 시작 같아요.

코치 좋아요. 그 한 걸음이 고객님의 가능성을 조금씩 넓혀줄 거라 믿습니다.

코칭 기법

① 스토리 되짚기(Revisiting Positive Stories)

고객이 과거에 잘해냈던 경험을 다시 떠올리게 하여 자존감과 정체성을 회복하도록 돕는 기법이다. 과거의 자신이 어떤 강점을 가지고 있었는지 재인식함으로써, '무기력한 나'를 넘어설 수 있는 내적 자원을 깨닫게 한다.

예: "그 시절의 고객님은 어떤 사람이었나요?"

② 강점 회복 질문(Strength Recovery Questions)

고객이 일상이나 가정에서 이미 발휘했던 보이지 않는 강점과 능력을 '경력 자산'으로 인식하게 하는 단계이다. 이를 통해 고객은 '경력 단절'이 아니라 삶 속에서 축적된 역량을 재발견하게 된다.

예: "육아를 하며 새롭게 얻은 능력은 어떤 게 있나요?"
"그 경험 속에서 배우거나 성장한 점이 있다면요?"

③ 리프레이밍(Reframing)

고객이 자신을 바라보는 부정적 시각을 긍정적 관점으로 전환하도록 돕는 기법이다. '경력 단절'을 '돌봄의 시간', '책임감의 증거'로 재해석하면서 상실감 대신 성취감을 경험하게 한다.

예: "그 시간은 정말 아무 의미가 없었을까요?"
"그 시간을 통해서 얻은 가장 큰 깨달음은 무엇이었을까요?"

④ 미래 비전 탐색(Exploring Future Vision)

강점과 관심을 기반으로, 고객이 미래의 방향성을 스스로 상상하고 설정하도록 하는 단계이다. 현재의 불안에서 벗어나 "나는 앞으로 어디로 가고 싶은가?"라는 질문으로 전환하게 된다.

예: "지금 이 강점을 살릴 수 있는 새로운 일은 어떤 게 있을까요?"

⑤ 작은 실행 설계(Designing Small Actions)

고객이 새로운 가능성을 행동으로 옮길 수 있도록 작고 현실적인 구체화하는 단계이다. 작은 행동을 통해 자신감과 실천력을 회복하게 도와준다.

예: "지금 바로 실천할 수 있는 한 가지가 있다면 무엇일까요?"
"그 첫걸음을 언제, 어떻게 시작해 보고 싶으신가요?"

15. 저는 왜 이렇게 제자리에 있는 걸까요?

코치 고객님, 요즘 가장 자주 드는 생각이 있다면 어떤 걸까요?

고객 그냥… 저는 너무 멈춰 있는 것 같아요. 다들 뭔가를 향해 달리는데, 저만 가만히 서 있는 느낌이에요.

코치 그런 느낌이 들면, 보통 어떤 감정이 가장 크게 올라오나요? [① 감정 인식 질문]

고객 초조함이요. 그리고 약간 수치심? 아무것도 안 하고 있는 저 자신이 좀 창피해요.

코치 그 감정을 느낄 때, 머릿속에 어떤 장면이 그려지나요?

고객 친구가 대기업에 취업했다고 들었는데, 나는 뭐 하고 있지 싶었어요. 그때 되게 작아지는 기분이었어요.

코치 그런 상황에서도 '내가 진짜 원하는 삶은 뭘까?'라는 질문을 해본 적 있나요? [② 비교 인식에서 벗어나기]

고객 그런 질문을… 한 적은 있는데, 금방 포기했어요. 내가 뭘 원하는지 잘 모르겠더라고요.

코치 모를 수도 있어요. 그럼 반대로, '싫은 것', '하기 싫은 일'은 명확히 떠오르시나요? [③ 회피 대신 탐색 유도]

고객 네. 그냥 회사에서 숫자만 들여다보는 일, 경쟁만 심한 일, 그런 건 하기 싫어요. 사람하고 관계없는 일은 안 맞는 것 같아요.

코치 그 이야기를 듣다 보니, 사람과 연결되고 소통하는 일을 선호하시는 것 같은데요, 어떠세요?

고객 네, 생각해 보니, 동아리에서 후배들 상담해 줄 때 꽤 재밌었어요.

코치 그때의 자신은 어떤 모습이었나요? 〔④ 경험 기반 자기 발견〕

고객 진지하고, 집중했고, 누군가에게 도움이 된다는 기분이 좋았어요. 그게 제가 좀 쓸모 있는 사람이라는 느낌을 받았어요.

코치 아~ 그렇군요. 그 느낌을 더 자주 느끼기 위해, 지금 할 수 있는 작은 실천이 있다면 뭐가 있을까요? 〔⑤ 작은 실행 설정〕

고객 상담센터 서포터즈 모집 공고가 떴던 게 기억나네요. 그거 한번 지원해 보면 좋을 것 같아요.

코치 좋은 첫걸음이에요. 자신이 '아닌 것'을 분명히 알아가는 것도 '내 길'을 찾아가는 과정이니까요. 지금까지 고객님이 해온 생각과 감정도, 그 여정의 일부였던 것 같습니다.

코칭 기법

① 감정 인식 질문(Emotional Awareness Question)

고객이 느끼는 혼란·초조·수치심 같은 감정을 명확하게 인식하도록 돕는 질문이다. 막연한 불안감을 구체화하여, 자신의 내면 상태를 객관적으로 바라볼 힘을 준다.

예: "그런 느낌이 들면, 보통 어떤 감정이 가장 크게 올라오나요?"

② 비교 인식에서 벗어나기(Shifting Focus from Comparison)

타인과 비교하는 사고에서 벗어나, 자신의 감정·욕구에 초점을 맞추도록 전환하는 기법이다. '나는 뒤처졌다'라는 부정적 비교 대신, '나는 무엇을 원하는가'라는 자기 탐색으로 시선을 돌리게 한다.

예: "'내가 진짜 원하는 삶은 뭘까?'라는 질문을 해본 적 있나요?"

③ 회피 대신 탐색 유도(Exploration through Aversion)

'원하는 것'을 바로 떠올리기 어려울 때, '싫은 것', '하기 싫은 일'부터 출발해 자기 탐색을 열어가는 접근이다. 고객이 답답함 속에서도 자신의 선호와 방향성에 대한 단서를 발견할 수 있다.

예: "그럼 반대로, '싫은 것', '하기 싫은 일'은 명확히 떠오르시나요?"

④ 경험 기반 자기 발견(Strength Discovery through Past Experiences)

과거의 긍정적인 경험을 돌아보며, 강점과 흥미를 재발견하게 하는 기법이다. '나는 쓸모 있는 사람이다'라는 자존감 회복과 자기 효능감 강화로 이어진다.

예: "그때의 자신은 어떤 모습이었나요?"

⑤ 작은 실행 설정(Designing Small Actions)

즉시 실천 가능한 작은 행동을 정해, 생각을 행동으로 전환하는 단계이다. '막막하다'는 무력감을 줄이고, 실질적 변화와 자신감을 만들어낸다.

예: "지금 할 수 있는 작은 실천이 있다면 뭐가 있을까요?"

16. 내 말 한마디에 팀이 휘청이면 어쩌죠?

코치 안녕하세요, 고객님. 요즘 가장 자주 드는 생각이나 감정이 있다면 무엇인가요?

고객 제가 뭘 말할 때마다, 그게 혹시 누군가를 힘들게 하진 않을까 걱정돼요. 예전보다 회의에서도 조심스럽고, 리더로서 점점 위축되는 기분이에요.

코치 그 조심스러움은 언제부터 생겼을까요?

고객 최근 프로젝트 회의 때, 제가 한마디로 팀 방향이 바뀌었는데… 나중에 보니 몇몇 팀원이 부담을 많이 느꼈더라고요. 그게 마음에 계속 걸렸어요.

코치 고객님은 어떤 리더이고 싶으신가요?

고객 팀원들을 지켜주는 리더요. 제가 실수하면 그게 고스란히 그 친구들에게 부담이 되니까요.

코치 그 말속에 '내가 실수하면 안 된다'는 강한 신념이 느껴져요. 〔① 신념 탐색〕 혹시 그 기준은 어디서 온 걸까요?

고객 제 상사 때문일 수도 있어요. 전에는 책임을 회피하는 리더 아래서 많이 다쳤거든요. 그래서 저는 그러고 싶지 않았어요.

코치 상처를 겪은 만큼, 책임감 있는 리더가 되려는 마음이 크신 거군요. 그런 고객님이 지금 지치고 있다는 건, 어떤 경고 신호일까요? 〔③ 자기 보호 인식〕

고객 제가 너무 모든 걸 혼자 끌어안고 있다는 뜻 같아요. 내가 흔들리면 안 된다고 너무 긴장한 것 같아요.

코치 지금 이 역할 안에서, '모두를 다 책임지지 않으면서도' 건강하게 영향력을 발휘하려면 어떤 변화가 필요할까요?

고객 제 역할의 선을 명확히 하고, 중요한 건 함께 결정하는 구조를 더 만들면 좋겠어요. 혼자 다 떠맡지 않아도 되는 회의 방식이나 공유 문화 같은 거요.

코치 팀에 그 구조를 제안해 본 적 있나요?

고객 아니요. 오히려 제가 조용히 다 조정하려 했어요. 근데 이제는 '내가 책임지겠다'보단, '함께 결정하자' 쪽이 더 맞는 것 같아요. **〔② 역할 재구성〕〔④ 관계적 리더십 확장〕**

코치 그 변화의 첫걸음으로 이번 주에 실천할 수 있는 작고 구체적인 행동으로 어떤 게 있을까요? **〔⑤ 작은 실천 설계〕**

고객 다음 주 회의 안건 중 하나를 미리 공유해서 팀원들의 의견을 사전에 받는 방식으로 바꿔볼래요. 그렇게 하면 결정도 자연스러워지고, 저 혼자 짊어진다는 느낌도 줄어들 것 같아요.

코칭 기법

① 신념 탐색(Belief Exploration)

리더가 가진 내면의 신념이나 고정된 사고방식을 인식하게 하는 단계이다. '내가 실수하면 안 된다'는 생각의 기원을 탐색함으로써, 지나친 완벽주의와 긴장감의 뿌리를 자각하게 된다.

예: "그 기준은 어디서 온 걸까요?"

② 역할 재구성(Role Reframing)

고객이 자신을 '모든 걸 책임져야 하는 리더'로 규정한 사고를 재구성하여, "함께 성장하는 리더"로 정체성을 재정의하도록 돕는다.

예: "지금의 역할 안에서 어떤 변화를 만들고 싶으세요?"

③ 자기 보호 인식(Self-protection Awareness)

과거 상처 경험이 현재 과잉 책임감으로 이어짐을 자각하게 하는 과정이다. 이를 통해 '팀을 위해 나를 희생해야 한다'는 패턴을 깨고, 건강한 자기 돌봄을 리더십의 일부로 인식한다.

예: "지금 지치고 있다는 건 어떤 경고의 신호일까요?"

④ 관계적 리더십 확장(Relational Leadership Expansion)

고객이 팀과 함께 의사결정과 책임을 나누는 구조를 설계하도록 돕는 단계이다. 혼자 끌어안는 리더십에서 벗어나, 협력과 신뢰의 시스템으로 확장한다.

예: "함께 결정할 수 있는 방식에는 어떤 것들이 있을까요?"

⑤ 작은 실천 설계(Small Action Design)

대화에서 얻은 통찰을 구체적인 행동으로 옮기는 실행 설계 단계이다. 작은 변화라도 직접 시도함으로써 즉각적 성취감과 리더십 회복감을 경험하게 된다.

예: 이번 주에 바로 실천할 수 있는 한 가지는 무엇일까요?

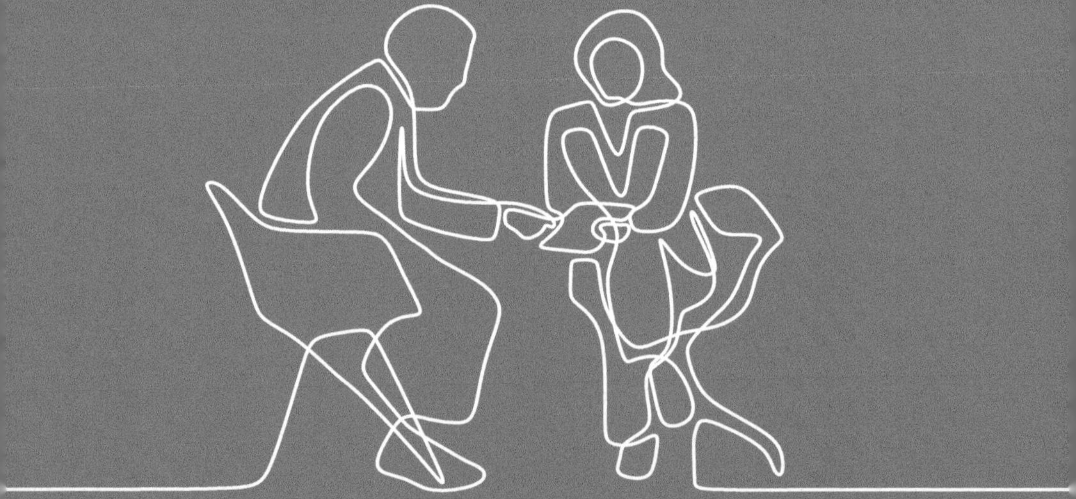

노인과 자동차

왕장호

1. 빨강 목도리 할머니와의 만남

며칠 전, 자동차 배터리를 점검하고 수리하기 위해 집 근처에 있는 수리 센터를 방문했다. 혹시 배터리를 교체해야 하는 것은 아닌지 점검을 받고 싶었기 때문이다. 최근 들어 날씨가 부쩍 추워진 탓도 있겠지만, 며칠 전부터 아침에 시동을 걸 때마다 예전과는 달리 조금 불안정한 소리가 들려왔다. 문득 지난번 배터리를 교체했던 때를 떠올려보니 벌써 6년이라는 시간이 흘렀다는 것을 알게 되었다. 6년 동안 배터리는 차량 곳곳으로 안정적인 전력을 공급해 주느라 이제는 지쳐있었던 것 같다.

수리 센터를 방문한 날은 토요일 아침이었다. 이른 시간임에도 불구하고 수리 센터에는 벌써 많은 사람들이 모여 있었다. 필자의 생활 습관상 이런 일을 처리할 때에는 미리 서둘러서 대기 시간을 최대한 줄이려고 노력하는 편이므로 이날도 다른 사람들보다 조금이라도 빨리 수리 센터에 도착하기 위해 서둘러 집을 나섰으나 필자보다 훨씬 더 부지런하게 움직이는 사람들이 많다는 것을 알 수 있었다. 세상에 나보다 일찍 일어나는 새는 많다는 것을 알았다. 모두들 추위를 피하느라 웅크리고 모자를 덮어쓴 어정쩡한 모습으로서 두툼한 검은색 겨울 코트의 움직임이 펭귄의 뒤뚱거림을 연상시키고 있었다. 검은 펭귄 무리 속에서 가끔씩 뒤로 내뿜어지는 하얀 입김은 증기기관차가 앞으로 나갈 때 토해내는 수증기를 연상시키며 하늘로 사라지고 있었다.

수리 센터의 접수를 받는 곳에서는 꼭 필요한 인적 정보와 차량 정보 및 간단한 증상에 대해서만 얘기를 들을 뿐 줄 서서 기다리고 있는 사람들이 있기 때문에 차량의 증상에 대해서 자세한 설명을 들을 시간은 없는 곳이다. 그럼에도 불구하고 이곳에서 차와 연관된 여러 가지 구체적인 얘기를 하는 사람들을 가끔 볼 때가 있다. 차량의 증상과 별로 관계없는 가족 중에 누가 이 차를 탔었는데 어떻게 하다가 고장이 났다든지이다. 본인만 관심 있는 구구절절한 이야기이다. 아마도 세상 사람들은 누군가 자신의 이야기를 들어줄 상대가 필요한 것 같다.

이날 수리를 위해 모여든 사람들 중에서 눈에 띄는 분이 있었는데 필자보다 두 명 앞에 줄을 서셨던 단아한 모습의 빨간색 목도리를 두르고 있는 70대 중반쯤의 할머니였다. 저 정도 연세라면 일반적으로 누군가 같이 왔을 텐데 주위에 아무도 없는 것을 보니 혼자서 오신 듯하였다. 주차해 놓은 차를 보니 현대자동차의 그랜저였다. 거의 초기 모델인 것 같았다. 깔끔하게 광이 났고 구형 모델 그대로의 고풍스러운 모습이 할머니를 닮은 듯했다.

빨강 목도리 할머니 차례가 되어 접수를 하면서 할머니는 여러 가지 얘기를 하기 시작하였다. 접수와 그다지 관련 없는 아들을 태우고 다녔다든지, 어디 갈 때 이 차로 많이 다녔다든지 하는 내용이었다. 대부분 차량 접수처에서는 필요 없는 얘기였다. 그런데 빨강 목도리 할머니의 이런 얘기는 접수처 직원의 솔 톤의 사무적인 음성 한마디에 중단당했다.

"고객님! 저쪽에서 기다리다가 엔지니어와 얘기하세요!"

"……."

순간적으로 풀이 죽은 시무룩한 표정의 빨강 목도리 할머니는 고개를 숙이고 무거운 추를 발에 달고 옮기듯이 느릿한 걸음으로 대기실로 향했다. 대화를 거부당한 것이다. 누군가와 대화를 원하는 모습이 안쓰럽기도 하면서 저 연세에 용케도 운전을 하셔서 오셨다고 생각하였다.

우리는 살아오면서 이러한 거부의 경험을 당한 경우도 있고, 내가 누군가를 거부했던 경우도 있을 것이다.

치맛자락을 붙잡고 늘어지는 아이에게 엄마가 하는 말.

"아이고~ 귀찮아! 엄마 지금 바빠, 저쪽에 좀 가 있어!"

새롭게 느껴지는 무엇인가를 만지작거리는 아이에게 하는 말.

"그냥 둬라! 만지작거리다 깨트리면 얼만지 알아?"

회의에서 새로운 방법이라고 생각하여 제안한 것에 대해 누군가 하는 말.

"그거 전에도 했던 거야! 그렇게 해봤자 되지도 않아, 소용없어!"

"좀 되는 소리를 해라! 이 아까운 시간에 될 수 있는 방법을 얘기해야지!"

이러한 거부는 아이들의 무의식 속에 상처를 남기기도 하고, 조직에서는 모두들 모인 회의에서 열린 대화가 아닌 아첨꾼의 좋은 말 잔치가 되어버리고 결국 조직의 성장을 방해하는 나쁜 문화를 만들게 된다.

필자도 접수를 마치고 대기실로 자리를 옮겼다. 어느 곳을 가든지 대기실이라는 곳은 인간과 스마트폰과의 만남의 장소이다. 모두들 스마트폰에 시선이 고정되어 바라보고 있는 모습에서 옆 사람과 대화하던 인간은 박물관에 박제되어 버린 것 같았다. 유선 전화 시대에 마음 졸이면 기다리던 전화벨의 그리움을 스마트폰이 뺏어갔고, 더불어서 자신의 이야기를 들어줄 사람을 박물관으로 보내버린 것이다.

대기실을 살펴보니 좌석은 필자보다 일찍 일어나서 나온 얼리버드들이 차지하고 있었고, 구석진 곳에 빨강 목도리 할머니가 허리를 굽히고 앉아 있는 옆의 자리 한 곳만 비어 있을 뿐이었다.

순간적으로 이런 생각이 들었다.

'저기 가서 앉으면 빨강 목도리 할머니가 말 걸 것 같은데….'

'괜히 말 걸어오면 귀찮아질 것 같은데….'

'그냥 가서 앉을까? 말 걸어오면 귀에 이어폰 꼽고 쌩까면 되지 뭐!'

'아니면 저 자리에 가지 말고 그냥 여기 서서 기다릴까?'

이런 생각이 이어지는 순간 그리 멀지 않은 다른 문에서 빈자리가 있는 쪽으로 누군가 들어오려고 하는 것이 아닌가!

'어, 어, 안 되는데…. 아직 생각이 정리되지 않았어!'라고 속으로 외칠 겨를도 없이 거의 조건반사로 다리가 용수철처럼 튕겨져 나가면서 발걸음이 빨강 목도리 할머니의 빈 옆자리로 향했다. 약간 여유 있게 빈 좌석에 앉을 수 있었다. 다른 문에서 들어오던 사람의 머쓱한 표정을 뒤로하면서 자리를 잡고 앉았다는 의기양양한 안도감과 빨강 목도리 할머니가 귀찮은 말을 걸 것이라는 생각이 교차하는 순간이었다. 빨강 목도리 할머니와 가볍게 겉치레의 눈인사만 하고 자리에 앉았다.

2. 경청 갈망의 시대

골프를 배운 지 얼마 안 되어서 라운딩을 나가면 맞이하는 상황으로 가지 않았으면 하고 바라는 곳으로 골프공이 가는 경우가 많듯이 일어나지 않았으면 하고 바라고 있던 상황이 일어났다. 빨강 목도리 할머니로부터 얼마 지나지 않아 목소리가 들려온 것이었다.

"날씨가 많이 차갑네요."

빨강 목도리 할머니의 단아한 모습만큼이나 품격 있고 편안한 음성이었다.

"네…. 눈이 와서 더 그런 것 같아요."

필자도 의례적인 인사말을 건넸다.

"사람들이 참 부지런도 하네요. 나도 아침에 잠이 없어서 일찍 나왔는데 이렇게들 많이 나왔군요…. 젊은 사람들이 참 부지런들 하시네요…."

필자 쪽을 바라보며 빨강 목도리 할머니가 말을 이어갔다. 필자는 들릴 듯 말 듯 한 낮은 목소리로 "네, 그러네요."라고 흐릿하게 말하며 스마트폰에 눈을 고정시켰다. 하지만 빨강 목도리 할머니의 음성은 이어졌다.

"차가 고장 났나 봐요?"

필자의 차의 상태를 물어보는 것이었다.

"네. 배터리를 간 지가 오래 지나서요."

사무적인 음성으로 대답해 드렸다.

"어머, 내 차도 배터리가 고장 난 것 같아서 왔거든요. 그리고 열선도 이상하고, 창문도 잘 안 열리고, 덜컹거리는 것 같기도 하거든요."

빨강 목도리 할머니는 드디어 필자와 자신과 손가락 한 마디의 의자 간 거리를 깰 수 있는 교집합을 찾았다는 듯이 살짝 톤이 올라간 어조로 말을 이어갔다. 필자는 순간 이런 생각이 스쳐 지나갔다.

'아, 이제 낚인 것 같다. 이 빨강 목도리 할머니 옆자리에 앉아 있는 한 모든 말을 들어줘야 할 것 같다. 빨강 목도리 할머니가 배터리라는 공통점도 찾아버렸으니 말이다.'

AI와 스마트폰과 친해져서 살고 있지만 그럼에도 불구하고 우리는 누군가가 자신의 말을 들어주었으면 하는 바람을 갖고 사는 것 같다. 일반적으로 나누는 사람들의 대화를 살펴보면 이런 말을 많이 들을 수 있다.

"내 말은 그게 아니고…."

"내가 말하는 것은 이러이러한 것이야."

"그러니까 내가 말하는 것이 그런 거라고."

"아까도 내가 말했잖아! 이렇게 저렇게 하자고."

"내 말을 좀 듣고 얘기해, 내 말 아직 안 끝났거든."

"알겠어. 그러니까 내 말이 이렇게 저렇게 하자는 것이야."

이 같은 상황은 우리의 대화 속에서 매우 쉽게 찾아볼 수 있다. AI와 친해지고 스마트기기와 친해지면서도 우리는 늘 나의 말을 들어줄 누군가가 필요한 것이다.

그런데 우리는 가정에서 학교에서, 직장에서 누군가의 말을 듣기보다는 나의 말과 내 생각을 말하는 데 집중한다. 현란한 화술과 상대를 설득시킬 화력을 충분히 장전하여 나서기도 하고, 그렇지 못하더라도 내 말을 하는 데 우선한다. "누가 좀 내 말을 들어줬으면 좋겠어."라고 외치듯이 말이다. 이렇게 내 말을 목 놓아 외치지만 정작 나의 말을 들어주는 사람은 그리 많지 않다. 내가 정작 그렇게 힘들게 말하지만 내가 하는 대부분의 말은 삭제, 왜곡, 일반화라는 상대방의 인식적 필터를 거쳐서 상대방이 듣고 싶고, 보고 싶은 것만 전달되게 된다. 이것을 NLP(Neuro-Linguistic Programming)에서는 지각적 필터(Perceptual filter)라고 한다.

이렇듯 자신의 말을 들어줄 사람이 박물관에 박제되어 있는 시대에 누군가의 말을 들어주는 것을 전문적으로 하는 사람들이 있다. 코칭학을 전공하였거나 한국코치협회 또는 국제코칭연맹에서 코칭 교육을 받고 자격을 취득한 전문 코치가 그들이다. 전문 코치는 고객의 어떤 말이라도 필터링 없이 들어주며 단순히 들어주는 것에 그치지 않고 깊은 경청, 공감, 질문을 통하여 고객이 스스로 통찰을 이끌어 낼 수 있도록 돕는 역할을 한다. 물론 우리 주위에는 이러한 전문적인 교육을 받지 않은 사람들이라도 경청과 공감능력이 뛰어난 사람들이 있다. 대표적으로 우리의 어린 시절에 할머니가 나에 대해 지지와 공감을 해주셨던 모습을 떠올려 볼 수 있으며, 이 외에도 일상생활에서 경청과 공감을 잘 해주는 사람을 볼 수 있다.

우리 생활 속에는 AI와 스마트기기가 깊숙이 들어와 있으며, 어찌 보면 하루 종일 AI와 스마트기기에 묻혀서 살아가고 있다. 그렇다면 AI와 스마트기기가 나의 목소리를 있는 그대로 온전히 경청하고 공감하고 있는가? 만약 AI와 스마트기기가 나의 말을 진정으로 경청하고 공감해 주고 있다면 우리는 누군가와의 대화 중에 왜 경청을 확인받는 말을 수시로 하는 것일까?

현대의 인간은 자신의 말을 들어줄 누군가를 목마르게 찾고 있다. 이러한 현대의 시대적 특징을 필자는 '경청 갈망의 시대'라고 이름 붙여 보았다.

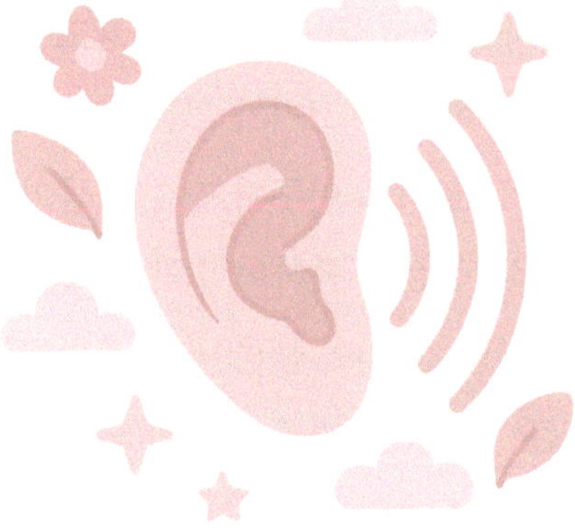

3. 빨강 목도리 할머니의 회상

필자와 배터리 고장이라는 공통점을 찾은 것에 더하여 자신의 이야기를 들어주기를 바라는 빨강 목도리 할머니의 말은 계속 이어졌고, 필자는 빨강 목도리 할머니의 말을 들어주기로 마음먹었다. 사실 이런 곳에서 누군가의 말을 들어주는 것이 쉬운 일이 아님에도 불구하고 전문 코치라는 필자의 직업 정신이 발휘된 것 같다.

빨강 목도리 할머니가 말하였다.

"이 차가 우리 남편이 타던 건데, 이 차로 애들 태우고 강원도 바닷가에 놀러도 갔었고, 경주 불국사에도 가보고, 해남 땅끝 마을도 가보았고, 남편하고 전국을 안 가본 데가 없을 정도로 여행을 다니고 했거든요…."

"네, 그러셨군요…. 그때 어떠셨어요?"

필자도 맞장구로 대화를 이어드렸다.

"좋았어요. 최고로 좋았어요. 지나고 보니 정말로 좋았어요. 그때가 제일 좋았었는데…."

말끝을 흐리며 빨강 목도리 할머니의 음성은 낮아졌다. 필자도 같이 낮은 음성으로 응대해 드렸다.

"네, 좋으셨군요."

그러고서 잠시 침묵이 흘렀다. 5초도 안 될 것 같은 짧은 순간이었지만 침묵은 깊었던 것 같다. 잠시 후 빨강 목도리 할머니가 살짝 고개를 들고 허리를 펴셨다. 필자도 같이 따라서 허리를 폈다. 빨강 목도리 할머니의 표정을 살펴보니 조금은 편안해진 것 같았다. 필자는 목소리 톤을 살짝 높여서 여쭈었다.

"그런데 어떤 게 제일 좋았던 것 같으세요?"

빨강 목도리 할머니가 대답하였다.

"그냥 같이 보냈던 순간 들이 다 좋았던 것 같아요. 애들하고 애들 아빠하고 이 차에 다 타고서 놀러가서 밥 먹고, 해수욕장도 가고 했던 것이 좋았던 것 같아요. 그때가 좋았는데…. 이제 다 지나간 것 같아요…."

또다시 침묵이 흘렀다. 허공을 응시하고 무엇인가 회상하는 듯 보였다. 필자도 같이 침묵하였다. 침묵 속에서 빨강 목도리 할머니가 무엇을 회상했는지는 궁금하지 않았다. 필자는 그저 빨강 목도리 할머니가 침묵 속에 있을 때 같이 침묵 속에 있어주는 것에 의미를 두었기 때문이다.

잠시 후 빨강 목도리 할머니가 입을 열었다.

"이 차가 오래되었어요."

빨강 목도리 할머니는 차에 대한 말을 먼저 하셨다. 무엇인가 의미 있다는 것을 강조하는 것 같았다. 그러고 나서 갑자기 자신이 살아온 이야기를 하기 시작하셨다.

"내가 육뇨사변* 일어나던 해에 태어나서 부모 얼굴도 모르고 자랐

---

* 1950년 6월 25일의 한국전쟁에 대하여 그것을 직접 겪은 사람들은 "육뇨사변"이라고 말하는 경우가 많이 있다. "육이오사변"을 그렇게 말하고 있는 것이다. 소리 나는 대로 써보면 "융뇨사변"이 된다. 필자도 어린 시절에 할머니, 어머니, 아버지가 그렇게 표현하시는 것을 들었던 적이 있다. 1950년대 신문에서 '사변'이라고 표현했고, 또한 전쟁이라는 무겁고 참혹한 느낌으로부터 그 감정을 조금이나마 완화시키는 심리적 거리두기로서 '사변'이라는 표현을 사용했을 수도 있다.

거든요. 친척집 옮겨 다니면서 자랐는데, 친척들이 네 어미 아비 전쟁 통에 다 돌아가셨다고만 해서 부모 얼굴도 모르고 그렇게 컸어요. 에휴~ 고생도 징글징글했네…. 난 학교도 못 다녔어. 누가 어미 아비 없는 애를 학교에 보내겠어요? 어릴 적에는 친척집에 살면서 집안일 도와주고, 밥 짓고, 농사일 도와주고 그렇게 살았지요. 일해 주고 밥 얻어먹고 산 것만도 용했지요. 친척집은 부자였어요. 소가 20마리나 되었고, 돼지도 키우고 그랬거든요. 먼 삼촌쯤 되는 집안이었는데, 지금 생각해 보면 그때 당시 그래도 꽤나 살던 집안이었어요. 삼시 세끼 밥 먹고 그러던 집안이었는데 쪼끔 서운한 것도 있지요."

"네, 그러셨군요…. 그런데 지금 이렇게 돌아보시니 어떠세요?"

잠깐의 틈에 필자가 빨강 목도리 할머니에게 여쭈어보았다. 할머니가 대답하였다.

"그래도 거기서 밥 먹고 목숨 부지하고 산 것만으로 고마워요. 왜냐하면 그나마 밥도 못 먹고 사는 사람들이 많았거든요. 그런 거에 비하면 그래도 하늘이 도왔는지 먼 친척집에서 살 수 있었지요."

빨강 목도리 할머니의 말이 계속 이어졌다.

"그렇게 학교도 못 가고 고생하다가 스물쯤 되던 해에 공장에 가게 되었어요. 마을에 언니가 공장에 취직했다고 돈 많이 번다고 해서 같이 따라갔어요. 그렇게 취직해서 한 7~8년 공장일 하다가 남편을 만났어요. 남편이 저보다 다섯 살 많았거든요. 식도 못 올리고 살다가 남편하고 공장을 나와서 과일하고 채소를 떼다가 팔기 시작했어요.

그렇게 한 10년 고생하니까 아파트 쪼그만 것 장만하게 되었어요. 그리고 올림픽 하고 얼마 안 지나서 돈 모은 것으로 차를 샀어요. 장사가 엄청 잘됐었거든요. 그때 산 차가 저 그랜저예요. 그때는 최고 고급차였어요. 그러니까 지금 저 차가 30년이 넘은 차예요. 저 차 사서 애들 태우고 제 남편하고 여기 저기 잘 놀러 다녔어요. 저 차를 타고 제가 어릴 적 살았던 친척집에 남편하고 같이 선물 사서 가기도 했었어요."

빨강 목도리 할머니는 계속해서 자신이 살아온 시절과 차를 타고 남편과 아이들과 놀러 다녔던 이야기를 하였다. 잠깐의 틈을 보아 빨강 목도리 할머니에게 여쭈었다.

"그런데 남편분이나 자제분과는 같이 안 오셨어요?"

잠시 머뭇거리다가 빨강 목도리 할머니가 대답하였다.

"남편은 벌써 돌아가셨고, 아이들은 아들, 딸 하나씩인데 다 외국에 나가 있어요. 그래서 지금 저는 혼자 살고 있어요."

담담한 목소리로 빨강 목도리 할머니가 대답하였다.

"아~ 네, 그러시군요."

담담한 어조로 필자도 대답해 드렸다. 침묵이 이어졌다.

4. 할머니와의 코칭 합의

필자는 생각해 보았다. 우연히 마주친 지금 이 사람은 처음에는 자동차 얘기를 하다가 자신의 과거사 얘기를 하였고, 다시 자동차 얘기에 의미를 두었다. 무엇인가 말하고 싶은 것이 많은 것 같다는 생각이 들어서 빨강 목도리 할머니에게 다음과 같은 이야기를 건넸다.

"할머니! 사실 저는 누군가의 이야기를 잘 들어주는 '코칭'이라는 것을 전문적으로 하는 사람입니다. 코칭학을 전공하였고요."

"코칭? 그게 뭔데요?"

순간적으로 필자는 잠깐 생각해 보았다. 코칭에 대해서 할머니에게 알기 쉽게 설명해 드려야 하는데 아마도 할머니가 곧바로 알아듣기는 어려울 수도 있겠다고 생각하였다. 그래서 필자는 간단히 이렇게 말하였다.

"할머니의 마음속 얘기를 들어주는 것이에요."

이와 같이 코칭에 대하여 고객이 묻는 경우에, 만약 필자가 "코칭이란 목적이 있는 대화 프로세스입니다."라고 말한다면 이론적으로는 맞는 설명이지만 코칭을 잘 모르는 또는 처음 접하는 사람들에게는 '이게 무슨 소리야? 목적은 뭐고, 대화면 대화이지 대화 프로세스는 또 뭐야?'라고 생각할 수 있다. 따라서 필자는 일반인들에게 코칭을 설명할 때 '마음속 얘기를 들어주는 것'이라는 표현을 자주 한다. 그리고 나서 코칭에 대해 좀 더 설명을 하면 훨씬 쉽게 이해한다.

"마음속 얘기를 들어준다고요?"

"네, 조금 전부터 할머니께서는 무엇인가 말하고 싶으셔서 저에게 말을 거셨던 것 같은데요. 뭔가 말씀하고 싶은 것이 많은 것 같으셨거든요."

"그렇긴 그런 것 같아요. 집에 아무도 없지, 할아버지는 벌써 돌아가시고 애들도 다 나가 있지, 친척도 없지, 그러니 누구에게 말을 하겠어요. 같은 또래들 모여 있는 노인정 같은 데는 가기 싫거든요. 거긴 너무 우중충해요. 노인들만 모아놓은 집합소 같아요. 나도 나이 들어서 일흔 중반이지만 좀 젊은 사람들 있는데 가는 게 더 좋거든요. 그래서 저 차도 아직 내 스스로 운전하고 다니는 것이고요. 이렇게 수리 센터에 오면 젊은 사람들이 많아서 생동감이 느껴져서 좋아요. 그리고 이렇게 말을 걸 수 있는 멋진 양반도 만나게 되고."

필자가 빨강 목도리 할머니의 말을 받아서 이었다.

"네~ 그러셨군요. 그러면 할머니! 오늘 이렇게 자동차 수리 센터 대기실에서 우연히 할머니를 뵙게 되었는데 할머니께서 무엇인가 말씀하시고 싶으신 것이 많으신 것 같아서 드리는 말씀인데요. 혹시 자신의 생각을 정리해 보고 싶으신 것이 있다거나 무엇인가 말씀하시고 싶은 것이 있다면 제가 전문 코치로서 코칭 대화를 해드릴 수 있는데 어떠신가요?"

잠시 머뭇거리는가 싶더니 빨강 목도리 할머니는 다음과 같이 대답하였다.

"음, 좋을 것 같아요. 그렇지 않아도 차에 대한 이런 저런 생각이 많았거든요."

"그러면 제 차하고 할머니 차가 수리가 들어갔으니까 약 한 시간 정도는 시간이 걸릴 것 같은데요. 앞에 있는 카페에서 할머니의 차에 대한 생각에 대해 말씀 나눠 보시는 것은 어떠실까요?"

빨강 목도리 할머니가 상기된 음성으로 말하였다.

"네, 좋을 것 같아요."

다시 필자가 말하였다.

"그리고, 할머니! 제가 코칭을 해드리는 것이니까 할머니께서 비용은 지불하셔야 되는데 괜찮으실까요?"

갑자기 할머니가 가라앉은 음성으로 대답하셨다.

"비싼가요?"

"한 회기, 즉 대략 1시간~1시간 30분 정도 1회기가 진행되고요, 제가 전문적인 역량을 발휘해서 최선을 다해 코칭 대화를 진행하도록 하겠습니다. 코칭 비용은 7만 원이에요. 장소는 앞에 보이는 카페가 좋을 것 같은데요, 따뜻한 차 한잔 제가 사 드리겠습니다. 괜찮으실까요?"

"네~ 좋아요."

할머니는 자신이 걸친 빨강 목도리보다도 더 상기된 톤으로 대답하였다.

"그럼 코칭 장소는 앞에 보이는 카페에서, 시간은 잠시 후 부터 약 1시간에서 1시간 30분, 코칭 비용은 7만 원으로 진행하는 것으로 어떠신가요?"

“네, 좋아요. 그렇게 해요. 이런 심리 분야 전문가님과 대화하는 것이 저에게는 많은 기대가 돼요.”

빨강 목도리 할머니와 필자는 자리에서 일어나서 앞에 있는 카페로 향했다. 빨강 목도리를 나풀거리며 종종걸음으로 따라오는 할머니의 발걸음이 흩날리는 하얀 눈송이처럼 가벼워 보였다.

빨강 목도리 할머니와 필자는 양지가 반사되는 따뜻한 창가에 자리를 잡고 앉았다. 카운터에서 에스프레소 한 잔과 유자차 한 잔을 주문하였다. 결제를 하느라 꺼내는 할머니의 지갑이 빨간색이었다. 그러고 보니 목도리도 빨간색, 지갑도 빨간색, 신발도 빨간색이었다. 순간 필자는 살짝 웃음이 나와서 여쭈었다.

“할머니! 목도리부터 지갑, 신발 모두 빨간색이시군요.”

“네, 저는 빨간색이 좋아요. 왜냐하면 생기가 있거든요. 내 나이 또래 다른 노인들은 연한 갈색이나 검은색을 많이들 입던데, 죽기나 하면 입지 뭐 하러 벌써부터 그딴 색깔 옷을 입는지 모르겠어요. 아휴~ 난 그런 색깔 싫어요. 이렇게 빨간색, 노란색, 이런 게 좋아요.”

그러고 보니 할머니의 코트는 노란색이었다.

필자와 할머니의 맞장구 대화가 이어졌다.

“네~ 정말 할머니에게 잘 어울리는 멋진 색상이네요. 정말 잘 어울리세요.”

“정말이요?”

"네! 정말 잘 어울리세요."

"근데 얼굴하고 목주름은 어떻게 못 하겠어요."

할머니가 푸념처럼 얘기했다.

"얼굴 피부도 고우신데요. 목도리 색상하고도 잘 어울려요."

필자가 말했다. 이번에는 할머니가 엄지손가락을 치켜들면서 웃으셨다.

그리고 필자와 할머니는 다시 자리에 돌아와 앉았다. 할머니가 필자를 대하는 것이 수리 센터에서보다는 좀 더 편안해하시는 것 같았다. 의상 색깔과 구두, 지갑 색깔을 갖고 친근감을 느낄 수 있는 간단한 대화로서 딱딱한 분위기를 조금은 누그러트릴 수 있었다.

5. 노인과 자동차

잠깐의 침묵을 깨는 진동 벨이 울리고 필자는 징징거리는 진동 벨을 손에 쥐고 카운터로 가서 에스프레소 한 잔과 유자차를 쟁반에 받쳐 들고 왔다.

차를 받쳐 들고 오는 짧은 순간 오늘 이렇게 우연한 만남으로 코칭을 통해 누군가의 통찰을 도울 수 있는 자리가 마련된 것에 감사함을 느꼈다. 또한 코칭을 하면서 누군가에게 작은 도움이 된다는 것에 대한 기쁨이 무엇인지에 대하여 알 수 있었으며, 코칭을 통해 나도 깨닫고 성장을 할 수 있는 계기가 된다는 것은 코치에게 매우 소중한 자산이라고 생각하였다.

에스프레소와 유자차의 모습이 앙증맞게 느껴졌다. 유자차를 빨강 목도리 할머니께 건네 드리고 에스프레소를 내 앞으로 가까이 놓았다. 에스프레소는 고온 고압으로 소량의 물을 투과시켜 추출한 것이라고 한다. 여기에 물을 더 넣으면 아메리카노가 되고 우유를 넣으면 카페라테가 된다고 한다. 무엇이 담기는지에 따라 다른 이름으로 변한다. 고정되어 있지 않고 유연하게 융합하여 다른 모습으로 탄생한다. 나도 이렇게 에스프레소처럼 유연하게 그때그때 상황에 따라서 변할 수 있다면 좋겠다고 생각하였다. 필자는 약 30년을 경직된 회사 생활을 하였고 코칭을 만나고 나서 조금 유연해졌지만 아직도 많은 성찰이 필요한 것 같다. 필자가 에스프레소를 앞에 놓고 잠깐 이런 생각을 하고 있을 때 유자차를 한두 모금 홀짝거리신 빨강 목도리 할머니가 먼저 입을 열었다.

“유자차가 향긋하네요.”

“네~ 저한테도 향긋한 유자 향이 오는 것 같아요. 그러면 지금부터 유자 향과 함께 코칭 대화에 들어가 봐도 될까요?”

“네, 좋습니다.”

“먼저 코칭 대화 시작 전에 알려드려야 할 몇 가지 사항에 대하여 말씀드리겠습니다. 오늘 저와 나누시는 코칭 대화는 한국코치협회의 윤리 규정에 따라서 일체의 비밀을 준수하겠습니다. 그리고 혹시 코칭 대화 중에 불편한 사항이 있으시거나 힘드신 상황 등이 있으시면 언제든지 대화 도중에라도 말씀해 주시면 되겠습니다.”

“네, 알겠어요.”

“그럼 이제 본격적으로 대화에 들어가 볼까요?”

“네~”

“오늘 추운 날씨에 일찍 수리 센터에 오셔서 우연히 저와 만나서 이 자리에 마주하게 되었는데요, 어떤 내용으로 대화를 나누고 싶으신가요?”

이어서 빨강 목도리 할머니가 차분한 어조로 말하기 시작하였다.

할머니 사실 오늘 수리하려고 가져온 차에 대하여 이야기를 좀 하고 싶거든요.

필자 네~ 차에 대해서군요.

할머니 저 차는 지난 30여 년 동안 우리 가족과 같이 생활했어요. 그런데 지금은 이런저런 생각이 많아요.

필자 네~ 생각이 많으시군요. 어떤 생각이 많으신 걸까요?

할머니 지금은 저렇게 여기저기 수리를 해야 하지만, 저 차가 제게는 남편, 아이들과 함께 가족이었어요. 다른 사람들은 강아지도 기르고 고양이도 기르지만, 저는 개나 고양이는 그다지 좋아하지 않거든요. 오히려 저 차가 제게는 애완견이나 다름없어요. 그래서 엔진오일도 꼬박꼬박 때 되면 갈고, 타이어도 갈고 했는데, 이제 30년이 넘다 보니 너무 고장도 많이 나고 그래서 계속해서 이렇게 수리를 하면서 타야 되나? 하는 생각도 들거든요. 수리 비용도 많이 들고, 제가 70대 중반인데 이렇게 운전을 하고 있지만 계속해서 운전을 할 수 있으리라는 보장도 없고요….

1) 코칭에서 침묵의 중요성

"보장도 없고요…."라는 말을 끝으로 침묵이 이어졌다. 코칭 대화 중에 고객이 침묵하는 때가 있다. 또한 일반적인 대화를 하는 도중에서도 잠깐 동안 침묵하는 경우가 있다. 그런데 우리는 이러한 장면에서 의도적으로 어색함을 달래기 위하여 작은 행동을 한다. 예를 들어 찻잔의 손잡이에 손을 댄다든지, 옆쪽 테이블로 눈을 돌려본다든지, 울리지도 않은 핸드폰을 꺼내본다든지 하는 행동이 그것이다.

하지만 코칭 대화 중에 몇 초 안 되는 짧은 침묵의 시간은 고객이 자신의 내면을 탐색하고 자신에 대한 깊은 통찰을 얻을 수 있는 중요한 순간으로서 코치는 이 순간에 고객과 같이 침묵으로 집중해 주어야 한다.

만약 코치가 침묵을 어색하게 느껴서 인위적으로 질문을 한다거나 집중하지 못하면 고객의 중요한 통찰의 시간을 빼앗는 것이 된다.

이러한 순간에 같이 침묵으로 기다려주면 거의 대부분의 고객은 스스로 자신의 말을 먼저 꺼내게 된다. 그것이 굉장한 것이든 소소한 것이든지 간에 고객 자신이 스스로 깨달은 무엇인가를 찾은 것이다. 이것은 코칭 철학인 "그 사람에게 필요한 해답은 모두 그 사람 내부에 있다."라는 것을 입증하는 것이기도 하다.

짧지만 깊은 침묵을 끝내고 할머니가 입을 열었다. 짧은 침묵의 순간에 할머니는 어떤 통찰이 있었을까? 사실 그것을 코치가 바로 알아차리기는 어렵다. 그럼에도 불구하고 그 짧은 시간은 오롯이 할머니의 시간이었다. 계속해서 대화가 이어졌다.

할머니 저 차에 너무 많은 추억이 생생해요.

필자 네~ 생생하시군요. 어떤 추억인지 좀 더 말씀해 보시겠어요.

할머니 남편하고 10년 넘게 고생고생해서 저 차를 장만했는데 그때가 너무너무 좋았어요. 올림픽 끝나고 그다음 해인가 다음다음 해인가 차를 샀거든요. 그때 저게 최고로 좋은 차였어요. 아마도 내 평생 그때가 제일 행복한 시기였던 것 같아요. 고생 끝에 낙이 온다더니 이런 것이구나 하는 생각이 들었어요. 차를 사서 돼지고기와 시루떡, 막걸리를 준비해서 차 앞에 한 상 차려 놓고 고사를 지냈어요. 액막음 한다며 바퀴마다 돌아가며 막걸리를 뿌리기도 했죠. 아이들은 그저 신이 나서 즐거운 표정으로 뛰어다녔어요. 너무 행복한 시간이었어요. 그리고 얼마 지나지 않아서 지인들을 초대해서 남편과 결혼식도 올리고 그 차를 타고 늦은 신혼여행을 떠났어요. 그때까지 예식도 못 올리고 그렇게 살았거든요. 경주 불국사에도 갔었고, 강릉 경포대, 낙산사를 갔었고, 강원도 해변에 가서 회도 먹고 으리으리한 고급 호텔에서 잠자고 그렇게 돌아다녔어요.

2) 고객이 소중하게 여기는 것에 대한 공감

할머니의 자동차 모델은 현대자동차가 1986년도에 최초로 출시한 최고급 그랜저 승용차였다. 당시 이 그랜저보다 상위 모델의 자동차는 없었으며, 주로 기업 사장님들이 기사를 두고 타던 차였다. 직선 위주로 각이 진 디자인이라서 '각 그랜저'라는 명칭이 붙었다고 한다. 지금도 가끔씩 도로에 주행 중인 각 그랜저를 보게 되면 신기함에 사진을 찍는 사람들도 있다. 적어도 35년은 넘은 자동차를 깔끔하게 광을 내면서 애지중지 아끼고 수리하면서 타고 다니셨으니 자동차가 곧 가족이라는 할머니의 말에 공감이 되었다.

3) 코치의 적극적 경청

지금까지의 할머니의 말에서 코치가 발휘해야 할 중요한 역량은 적극적 경청이다. 적극적 경청 역량에는 맥락적인 이해, 반영, 공감, 고객의 표현 지원이라는 네 가지 핵심 요소가 있다.

이 중에서 할머니와의 코칭 대화 중에 코치가 주의를 기울여야 할 가장 중요한 핵심 요소는 공감이라고 생각한다. 적극적 경청을 통해 공감이 이루어진다. “저 차가 … 가족이었어요.”라는 말에 코치는 공감할 수 있어야 한다.

여기서의 공감이란 단순한 관심이나 인지적 이해를 넘어서 고객의 감정, 의도, 욕구를 온전히 느끼고 공유하는 정서적 공감을 말한다.

관심과 인지는 비교적 쉽게 향상시킬 수 있다. 하지만 정서적 공감능력은 대화 속에서 꾸준한 훈련을 통해서 향상 시킬 수 있다.

다음은 필자가 제시하는 정서적 공감능력을 향상시키는 방법으로서 우리는 일상생활의 대화 중에 이러한 방법을 시도해 봄으로써 자신의 정서적 공감능력이 조금씩 향상되는 선물을 얻을 수 있을 것이다.

4) 정서적 공감 역량 향상 방법

◆ **듣기: 적극적 경청**

상대방의 말에 주의를 기울여서 말하는 것과 말하지 않은 이면의 것까지 이해하려는 노력.

◆ **이해하기: 비언어적 표현 이해**

대화 중 상대방의 표정, 몸짓, 목소리 톤 등을 통해 상대방의 감정을 헤아리는 것.

◆ **받아들이기: 역지사지**

상대방의 입장에서 상대방의 느낌, 말, 행동 등을 수용하는 것.

◆ **표현하기: 감정 표현**

상대방의 생각, 감정, 의도, 욕구 등을 이해하고 이해한 것을 상대방에게 표현해 보는 것.

※ 공감 역량 향상 방법: 청(聽)-해(解)-수(受)-현(現)
듣고, 이해하고, 받아들이고, 표현해 보기

할머니의 행복했던 과거 감정을 좀 더 북돋아 드려서 긍정 감정을 현재로 가져오고, 할머니가 자신의 과거를 좀 더 깊이 회상하기 위한 코칭 대화를 이어갔다.

필자 좋은 차를 사셔서 아이, 남편분과 행복한 모습을 말씀하셨는데 그때의 행복한 장면 중에서 가장 기억에 남는 장면이 있다면 어떤 것일까요?

할머니 그때의 모습들이 다 생생하지만 가장 기억에 남는 장면을 꼽는다면 새 차 그랜저하고 남편의 모습이에요. 왜냐하면 저는 그때 그 차하고 남편 모습이 너무 멋있었거든요. 멋있었을 뿐만 아니라 제 평생 지금까지도 그런 느낌을 받았던 장면은 없었거든요.

필자 방금 '그런 느낌'이라고 말씀하셨는데 그때의 느낌이 어땠는지 좀 더 표현해 보시겠어요.

할머니 음, 뭐랄까. 말로 표현하기가 쉽지 않은 느낌이에요. 그냥 아주 무엇인가 굉장히 큰 무엇인가가 나를 무한한 평화와 자유 속에 넣어 준 것 같았어요. 한마디로 표현한다면 밝은 빛 같았어요.

필자 네~ 그러셨군요. 평화, 자유, 밝은 빛이라는 표현을 하셨는데 이것은 할머니에게 어떤 의미가 있었을까요?

할머니 음, 어려운데요…! 나에게 어떤 의미였을까요? 그렇게까지 깊게 생각해 본 적은 없었는데요….

할머니는 다시 침묵에 들어가셨다. 필자도 같이 침묵하였다. 잠시 후 할머니가 말하였다.

할머니 사실 지금까지 살아오면서 그때의 그 느낌을 단순히 '좋았었다.' '멋있었다.' '기뻤다.' 정도로만 생각했었지 이렇게까지 깊게 생각해 본 적은 없었거든요. 그런데 오늘 코치님에게 질문을 받으니까 그때의 내 느낌은 정말 무엇이었는가에 대해 깊게 생각해 보게 되었어요. 생각해 보니 그때의 그 느낌은 제가 추구하는 삶의 방향이랄까. 뭐, 그런 것 같아요. 저는 평화롭고 자유스러운 그런 것을 좋아했거든요.

필자 네~ 할머니께서는 평소에 평화롭고 자유스러운 것을 좋아하셨군요.

할머니 네. 지금 돌아보고 생각해 보니 그런 것 같아요.

필자 그러시면 할머니의 지금까지의 생활을 돌아보셨을 때 말씀하신 평화로움, 자유로움 같은 느낌으로 살아오신 것 같으신가요? 어떠셨던 것 같아요?

할머니 아니요. 어렸을 적에는 전쟁에 부모 다 잃고 고아가 되어서 친척 집에 얹혀살았었고, 좀 커서는 공장에 들어가서 밤낮 일했었고, 그러다 남편 만나서 아등바등 새벽에 일어나서 죽어라 일했었고, 그러고 나니까 좋은 차를 샀고, 아이들은 전부 외국에 나가서 살게 되었고, 그리고 남편은 돌아가시고 했거든요. 그다지 별로 평화롭고 자유로움 같은 것을 느끼지는 못했어요. 다만 차를 샀던 그때의 그 순간에는 잠깐 그런 평화, 자유를 느낀 것 같았어요.

필자 아~ 네, 그러시군요.

할머니 그러고 보니, 이렇게 코치님과 대화를 해보니까 이런 생각이 들어요. 부모 얼굴도 기억 못 하고 어려서부터 지금까지 일하고 아이들과 남편과 같이 생활했었고, 그러다가 아이들은 외국에 가서 살고 있고, 남편은 돌아가시고 했는데 그다지 외롭다는 느낌은 별로 없다는 것을 알게 되었어요. 오히려 지금이 평화롭고 자유스럽다고 느껴져요. 근데 한 가지 걸리는 것이 저 그랜저 차예요.

필자 무엇이 걸릴까요?

할머니 계속 타고 다니기에는 현실적으로 너무 낡아서 수리 비용도 많이 들고, 사고 위험도 있거든요. 그렇다고 저것마저 없어져 버리면 좀 그럴 것 같아요.

필자 좀 그럴 것 같다는 것이 어떤 것인가요?

할머니 저 그랜저마저 없어지면 허전하고 외로울 것 같아요.

필자 네~ 그러시군요.

할머니 네.

필자 그럼 오늘 코칭 대화는 그랜저 차를 중심으로 계속해 보면 어떨까요?

할머니 네. 좋아요.

필자 그랜저 차에 대하여 할머니께서 나누고 싶으신 것이 어떤 내용이신지 좀 더 구체적으로 들려주시겠어요.

할머니 그랜저 차를 어떻게 할 것인가에 대한 것이에요.

필자 조금 더 구체적으로 말씀해 보신다면….

할머니 네, 그러니까 결국 저 차와 계속 같이 살 것인가 헤어질 것인가예요.

필자 네. 그렇군요. 조금 전에 차에 대하여 살 것인가 헤어질 것인가라고 표현하셨는데, 마치 사람에 쓰는 표현인 것 같다고 느껴져요. 어떠신가요?

할머니 네, 맞아요. 저 차 안에 아이들도 있고, 남편도 있거든요. (진지한 표정, 낮은 목소리로 할머니가 말했다.)

필자 조금 전에 저 차 안에 아이들과 남편이 있다고 하셨는데요. 정말 있으신가요?

할머니 네. (아까보다 더 진지한 표정으로 짧고 단호하게 할머니가 말했다.)

5) 비현실적인 고객의 느낌이나 생각은 어떻게 볼 것인가?

조금 전 할머니가 차 안에 아이들과 남편이 있다고 하였다. 정말 있냐는 재차 물음에도 사뭇 진지하게 그렇다고 하였다. 실재하지 않는 것을 실재한다고 말하고 있는 것이다.

이 장면에서 코치는 할머니의 이러한 실재하지 않는 것을 실재한다는 느낌이나 생각이 자기 관리 가능한 상태의 일반적 범주인지 아니면 실제로 그렇게 믿고 있으며, 이것이 우울이나 불안과 연결되어 심각한 상태인지 아닌지 확인해 볼 필요가 있다.

만약 심각한 상태라면 전문가의 도움을 받을 수 있도록 해 주어야 한다. 즉, 코치가 고객에 대하여 무조건적인 수용을 해야 한다고 해서 심각할 수도 있는 상태를 확인해 보지 않고 "네, 그러시군요. 차 안에 아이들과 남편분이 있군요. 제 눈에도 보여요."라고 동조하면서 넘어간다면 일반적이지 않고 심각할 수 있는 고객의 현재 상태를 놓치는 것이기 때문이다.

만약 할머니가 "지금 남편은 운전석에 앉아 있어요. 아이들은 뒤에서 자고 있어요. 저기 좀 보세요, 아이들이 저기 있잖아요."라는 식으로 실재하지 않는 모습을 실재한다고 계속해서 진지하게 주장한다면 코치는 할머니가 정상적이지 않은 상태에 있을 수도 있다는 것과 계속 코칭을 이어갈 수 있는지에 대하여 고민해야 한다.

필자 네~ 아이들과 남편분이 차 안에 있다고 느끼시는군요. (실재하지 않더라도 우선 할머니의 감정에는 공감을 해주어야 한다.) 제가 눈이 좀 나빠서 그러는데요, 저는 아무도 안 보이는데 혹시 아이들과 남편 분이 차 안 어디에 있으신 걸까요? (당신이 있다고 느끼는 것은 옳습니다. 하지만 코치인 제가 눈이 나빠서 실체가 보이지 않을 뿐입니다. 당신이 좀 찾아주시겠어요?)

할머니 아니요. 진짜로 있는 것은 아니고요. 호호호. (웃음) 말이 그렇다는 것이에요, 말이….

필자 아~ 저는 조금 전에 할머니께서 진지하게 차 안에 있다고 말씀하셔서 진짜로 실체가 있다고 생각하시는 줄 알았거든요.

할머니 아니에요. 남편은 벌써 죽어버렸고, 애들은 외국에 있죠.

필자 네. 그러시군요. 그럼 차 안에는 무엇이 있는 것일까요?

할머니 추억이 있다는 것이죠.

필자 아하! 그러시군요. 추억이 있으신 것이군요. 그 추억을 어떻게 하고 싶으신 것이죠?

할머니 간직하고 싶은 것이에요.

6) 고객의 심리적 상태 헤아려보기

할머니의 심리적 상태를 헤아려보면 남편의 죽음으로 큰 상실을 경험했을 것이고, 자식들과 떨어져 사는 고립감도 있을 것이다. 더구나 노인정 같은 곳은 우중충해서 가지 않으신다고 하니 또래 집단으로부터의 사회적 지지 연결망도 부족한 상태일 수 있다. 그리고 30년이 넘은 낡은 차 안에는 아이들과 남편이 있다고 한다.

존 볼비의 애착 이론에 따르면 사람들은 중요한 관계를 형성하고 유지하려는 본능적 경향이 있다고 한다. 또한 사람들은 죽음이나 이별 등으로 인하여 상실된 관계를 대체하기 위하여 그 사람과 관련이 있었던 물건에 애착을 가질 수도 있다.

물건은 개인에게 기억과 정체성을 확인시켜 주는 중요한 요소로서 노인에게 과거의 중요한 사람과 관련 있는 물건은 자아 정체성을 유지하는 데 도움을 줄 수 있다. 이러한 애착 어린 물건을 통해 안정감을 느낄 수 있고, 정서적 지지를 받을 수 있다.

이렇게 과거의 물건을 통해 정서적 유대감을 형성하는 긍정적 측면도 있지만 추억에 대한 집착이 너무 강해지면 현실과의 단절을 초래할 수도 있으며, 심하면 우울이나 불안으로 연결될 수도 있다.

필자 조금 전 말씀하신 차 안에 무엇이 있고 그것을 어떻게 하고 싶다고 하셨는데 이 두 가지를 정리해서 한 문장으로 말씀해 보신다면 어떻게 표현해 볼 수 있을까요?

할머니 네~ 차 안에 추억이 있고, 추억을 간직하고 싶은 것 같아요.

이러한 장면에서 코치가 할머니의 말을 정리해서 대신 말해주기보다는 할머니 스스로 자기가 무엇을 어떻게 하고 싶다는 것을 본인의 말로서 표현해 보도록 하는 것이 좋다.

7) 스스로 자신의 생각을 구체적 언어화할 때 얻는 이점

◆ **자기 인식 강화**

고객이 자신의 생각과 감정을 직접 말로 표현하는 과정에서 내면의 깊은 자각이 이루어진다. 자신이 정말로 원하는 것이 무엇인지, 문제의 근원이 무엇인지 깨닫는 계기가 되며, 이는 고객의 자기 인식 수준을 높이고, 삶의 방향성에 대한 명확성을 높여주게 된다.

◆ **자기 책임감 강화**

자신의 말로 표현하고 해결책을 찾는 과정에서 고객은 자연스럽게 자기 삶에 대한 책임감을 갖게 된다. 자신의 결정이 삶에 직접 영향을 준다는 것을 인지하게 되면서 주도적인 태도를 형성하게 된다.

◆ **효과적인 목표 설정과 동기 부여**

스스로 말로 표현한 목표는 고객이 진정으로 원하고, 이해하고 공감하는 목표가 된다. 이는 목표 설정의 명확성을 높이고, 목표 달성을 위한 동기 부여가 강해지도록 한다.

◆ **문제 해결에 대한 소유권 향상**

코치가 직접 해결책을 제안하거나 정리해 주기보다는 고객 스스로 자신의 언어로 해결책을 표현하게 하면, 고객은 그 해결책에 대한 소유권을 갖게 된다. 이는 고객 스스로의 실천력을 높이고 해결책을 실제 행동에 옮길 가능성을 높여준다.

위와 같은 이점 이외에도 정서적 정리와 치유, 자기 효능감 증가, 지속 가능한 변화 등의 이점이 있다.

필자 네. 그러시군요. 그 추억이 매우 소중하신 것 같은데 할머니에게 어떤 의미가 있는 것일까요?

할머니 저에게는 살아가는 힘이 되는 것 같아요. 외롭다는 생각이 들더라도 추억을 떠올려보면 외롭다는 생각은 없어지고 즐거워요.

필자 그런 의미가 있으셨군요. 이렇게 중요한 의미가 차 안에 있고 추억을 간직하고 싶다고 하셨는데 그렇다면 차도 함께 간직하고 싶으신 것일까요?

할머니 사실 차가 늘 옆에 있고, 그것을 바라봄으로써 추억이 떠오르는 것이라서 차도 간직하고 싶은 것이 솔직한 심정이에요. 그런데 추억은 간직할 수 있지만 차는 언제까지 계속 갖고 갈 수 없는 것이거든요.

필자 차를 언제까지 계속 갖고 갈 수 없다고 하신 것은 무슨 특별한 이유가 있으신 것인가요?

할머니 우선은 혼자 연금 받아먹고 살고 있는데 물가가 너무너무 많이 올랐어요. 정말 옛날하고 비교가 안 돼요. 평소에 잘 가는 빵집의 빵이 전에는 1,500원짜리가 지금은 5천 원이에요. 나머지 채소나 식품들도 다 그렇게 올랐고요. 또 차의 엔진오일도 갈아줘야 되고, 전등도 나가면 바꿔줘야 되고, 차 유지하는 데 돈이 소소하게 많이 들거든요. 이런 경제적인 이유가 있어요. 그리고 더 중요한 것은 제 나이가 지금 75살인데 언제까지 차를 계속 운전할 수는 없을 것 같아요. 아마도 지금 제 나이에 운전하는 할머니들은 거의 없을 거예요. 남자들도 그렇게 많지 않을걸요. 어떻게 보면 이 나이까지 운전을 할 수 있다는 것이 저에게는 행운이라고 생각해요. 하지만 더 운전을 하겠다는 것은 욕심일 것 같아요.

필자 그러시군요. 경제적인 이유 이외에도 나이를 말씀하시면서 차를 운전할 수는 없을 것 같다고 말씀하신 것은 특별한 이유가 있으신가요?

할머니 그게 말이죠. 얼마 전에 모퉁이에서 갑자기 자전거가 튀어나오는데 옛날 같았으면 침착하게 피했을 텐데 그게 잘 안 되더라고요. 간신히 피하기는 했는데 전과 같지가 않았어요. 아슬아슬하게 피했거든요. 나이가 드니까 순발력이 떨어지는 것 같아서 위험하다는 생각이 들었어요.

필자 아~ 네. 그런 일이 있으셨군요. 물가가 올라서 경제적인 어려움도 있으시고, 연세가 드셔서 운전 시에 안전에 대한 걱정도 있으시군요.

할머니 네, 실제로 그런 현실적인 문제들이 있어요.

필자 그럼 만약에 차가 없으면 어떤 일이 일어날까요?

할머니 우선은 있던 것이 없어지니까 허전함이 있을 것 같아요. 그런데 그런 허전함은 조금 시간이 지나면 그럭저럭 괜찮아질 것 같은데 그보다 더 현실적인 문제가 장 보러 갈 때나 병원에 갈 때, 그리고 조금 멀리 가고 싶어서 교외로 외출할 때가 어려워질 것 같아요. 누군가 차를 태워주면 좋겠지만 그걸 누가 해주겠어요. 결국 나 스스로 움직이는 행동반경이 좁아질 것 같아요.

필자 말씀 중에 누군가 차를 태워주면 좋겠다는 말씀도 하셨는데 만약 주위의 사회단체나 복지기관 등에서 노인들을 대상으로 차량 이동 서비스를 제공하는 것이 있다면 어떠실 것 같아요?

할머니 진짜요? 정말 그런 것이 있다면 한번 이용해 보면 좋을 것 같아요. 이런 거 어디서 하는지 코치님이 한번 알아봐 주시겠어요?

필자 그러면 이러한 노인 복지에 관련되는 것은 어느 행정기관에서 할까요?

할머니 아무래도 제일 가까운 동사무소에서 하지 않을까요?

필자 네. 그러면 어떻게 해보시면 될까요?

할머니 네. 우선 동사무소*에 전화를 해보아야겠어요.

필자 네. 그렇게 하시면 좋을 것 같아요. 언제쯤 연락하실 수 있을 것 같으신가요?

할머니 내일 바로 해보면 될 것 같아요.

필자 네~ 우리 할머니는 실천력이 매우 뛰어나신 것 같아요.

할머니 아유~ 뭘요, 이런 것은 생각났을 때 바로바로 해보는 것이 좋거든요.

* 동사무소: 60~70대 나이의 사람들이 많이 사용하는 표현이다. 지금의 '행정복지센터'라는 표현은 '동사무소'라고 오랫동안 사용되다가 2007년도쯤 '주민 센터'로 바뀌었고 2016년도쯤 '행정복지센터'로 바뀌었다. 20~30대 나이의 사람들에게는 생소한 '동사무소'라는 표현이 60~70대 에게는 익숙한 표현이다. 코치는 고객의 언어 표현이 어색하더라도 고객의 언어 표현대로 같이 말해 주어야 한다. 고객의 '동사무소'라는 표현을 코치가 '행정복지센터'라고 바꾸지 않는 것이 좋다.

8) 고객이 코치에게 문제 해결을 부탁하는 경우

위의 대화에서 고객이 "코치님이 한번 알아봐 주시겠어요?" 라고 하였다. 코칭 시에 소소한 문제 해결을 코치에게 해달라고 고객이 부탁하는 경우 어떻게 할 것인가? 앞선 장면에서 만약 코치가 자신이 발 벗고 나서서 전화도 해주고 여기저기 알아봐 준다면 어떤 문제가 있을까?

코칭의 기본 원리는 고객이 스스로 문제를 인식하고 해결책을 찾아갈 수 있도록 하는 데 있다. 따라서 이것이 소소한 문제라고 하더라도 코치가 직접 해결책을 알아봐 주고 해결해 준다면 다음과 같은 문제가 있으므로 코치는 고객 스스로 하도록 도와야 한다.

◆ **코치가 직접 해결해 주는 경우 문제점**

- **의존성 증가**: 고객이 코치에게 직접적인 해결을 의존하게 되면 고객 스스로 문제를 해결하는 능력을 약화시키게 된다.
- **문제 해결 능력 개발 저해**: 코칭의 목적에는 고객이 자신의 문제를 스스로 해결할 수 있도록 능력을 개발하도록 돕는 것이 있다. 따라서 코치가 무엇인가 답을 내려주고 해결해 주는 것은 스스로의 문제 해결 능력 개발 기회를 빼앗는 것이 된다.

- **자기 발견 기회 상실**: 소소한 문제라도 코치가 개입하여 해결해 준다면 고객 스스로의 자기 발견의 과정이 방해받게 된다.

필자 조금 전에 차가 없는 경우에 어떻게 할 것인가에 대해서 얘기를 나누어 보았는데요. 아까 할머니께서 차를 바라봄으로써 추억이 떠오르기 때문에 차도 간직하고 싶은 생각도 있다는 말씀을 하셨는데, 혹시 실제로 차를 계속 갖고 싶다는 생각이신가요?

할머니 꼭 갖고 있지는 않더라도 그냥 두었으면 좋겠다고 생각해요.

필자 그냥 두었으면 좋겠다는 것에 대해 좀 더 구체적으로 말씀해 보시겠어요.

할머니 그러니까 집 옆에 공터가 있는데, 거기다 좀 두면 안 될까요?

9) 지레짐작하지 않고 침묵함으로써 고객에게 생각할 기회를 제공한다

이 장면에서 고객은 공터라고 해서 차를 두면 안 된다는 것을 이미 알고 있을 것이다. 정해진 주차 구역이 아니면 주차할 수 없다는 것이 일반적인 상식이기 때문이다. 그럼에도 불구하고 할머니가 그렇게 공터에 두고 싶다고 말하는 것은 실제 공터에 주차해 두고 싶다는 마음이 아니라 간직하고 싶다는 마음일 것이다.

코칭에서 코치가 고객의 말에 판단을 하고 지레짐작을 하는 것도 코칭의 기본에 어긋난 것이다. 하지만 이 장면에서 코치가 즉각적으로 주차해도 될 것 같다든지, 안 된다든지, 또는 좋은 생각인 것 같다든지 즉흥적인 말을 하기보다는 잠깐 침묵함으로써 고객 스스로 판단할 수 있게끔 도와야 한다.

잠깐의 침묵이 지나고 할머니가 말을 먼저 꺼냈다.

할머니 공터라고 해도 거기가 주차구역은 아니니까 안 되겠군요. 계속 주차해 두면 먼지도 쌓이겠죠.

필자 네~ 그렇겠군요. 그런데 꼭 가까운 곳에 그 차를 두고 싶으신 건가요?

할머니 꼭 그렇지는 않아요. 잘 보관만 되어 있으면 좋을 것 같아요.

필자 네~ 그러시군요. 할머니께서는 이 차가 잘 보관만 되어 있으면 좋겠다는 말씀이시군요?

할머니 네, 맞아요. 저는 이 차가 꼭 가까운 곳이 아니더라도 잘 보관만 되어 있으면 좋겠어요.

필자 그러면 이렇게 오래된 물건들을 보관하는 곳은 어디가 있을까요?

10) 질문은 생각을 확장시키고 주도적 실천력을 키운다

여기서 필자는 자동차 박물관을 생각하고 있었지만 코치의 생각을 먼저 말하기보다는 고객 스스로 생각하고 말하도록 돕는 것이 고객의 생각을 확장시키고 본인이 의사결정권을 갖고 주도적으로 실천하는 힘을 기를 수 있는 것이므로 코치의 의견을 제시하지 않고 질문하였다.

할머니 아~ 박물관 같은 곳이 있을 것 같아요. 그러고 보니 언제가 TV에서 자동차 박물관을 보았던 것 같아요. 거기에 기증한다거나 하면 좋을 것 같아요.

필자 네~ 정말 멋진 생각이세요. 이렇게 멋진 생각을 해 내신 것을 축하드려요.

할머니 네, 감사해요. 코치님하고 얘기하다 보니까 이런 좋은 생각까지 하게 된 것 같아요. 사실 차가 너무 오래되어서 중

고차 가격도 거의 없고, 폐차하는 것도 오히려 돈이 들 것인데 자동차 박물관에 기증할 수 있다면 정말 좋겠어요. 그랜저 초기 모델이고 깨끗하게 타서 기증해도 될 것 같아요.

필자 정말 훌륭한 결정을 하신 것 같아요. 이렇게 훌륭한 결정을 내리신 것을 축하드려요.

할머니 제가 정말 감사해요. 잘 생각하지 못했던 것들을 생각하게 해주어서 제가 더 감사해요.

필자 그런데 자동차 박물관은 어떻게 연락하시겠어요?

할머니 음~ 그것도 동사무소에 연락처를 물어보면 될 것 같아요.

필자 네~ 그런 방법이 있었군요. 그럼 꼭 연락해 보세요.

할머니 네.

필자 아까 '차 안에 추억이 있고, 추억을 간직하고 싶다'고 하셨는데, 차를 기증하는 것이 결정되면 추억은 어떻게 간직할 수 있을까요?

할머니 네~ 그러네요. 막상 눈에 보이던 것이 없어지는데…. 음~ 어떻게 하면 좋을까요? 사진을 좀 찍어놓으면 좋을 것 같은데요. 코치님 생각은 어떠세요?

필자 네. 정말 좋은 생각이신 것 같아요. 현재의 자동차 모습은 사진으로 찍어놓으면 좋을 것 같아요. 그런데 자동차와 관련된 과거의 추억을 간직하기 위해서는 어떤 방법이 있을까요?

할머니 그러고 보니 옛날에 아이들 어렸을 때 남편과 아이들과 차

타고 놀러 다니면서 찍은 사진 앨범이 정말 많이 있어요. 그리고 스마트폰 나오고 찍은 것은 이 스마트폰 속에 다 있을 거예요. 핸드폰 바꿀 때 마다 사진은 다 옮겼거든요.

필자 네~ 정말 다행이에요. 사진이 잘 남아 있어서 정말 다행이에요. 조금 전에 할머니께서 현재와 과거의 자동차 추억을 잘 간직하는 방법을 말씀하셨는데 이것을 간략히 정리해서 한번 말씀해 보시겠어요?

할머니 우선 현재의 자동차 모습 사진 찍어놓기, 그리고 앨범과 스마트폰 속의 과거 사진 정리하기예요.

필자 네. 간략하게 정말 잘 요약하셨어요. 그러면 사진 찍어놓기와 사진 정리하기는 언제부터 해보시겠어요?

할머니 음, 가구 속에 있는 것도 정리하면서 앨범도 꺼내야 하니까 다음 주 월요일쯤에는 자동차의 현재 모습 사진을 찍어놓고, 그리고 그다음에 앨범과 스마트폰 속에 있는 사진을 정리하면 될 것 같아요.

필자 자동차 모습 사진 찍는 것은 누가 하실 건가요?

할머니 제가 직접 할 거예요. 제가 사진을 잘 찍거든요. 전에 앨범 속 아이들과 남편 모습도 거의 다 제가 찍었거든요.

필자 네. 그러셨군요. 사진도 잘 찍으시고 훌륭한 재능을 갖고 있으신 것 같아요.

할머니 감사합니다.

필자 사진 찍는 것은 얼마나 걸릴 것 같으신가요?

할머니 한 3일이면 될 것 같아요. 우선 앞, 뒤, 측면, 내부, 트렁크 속 등을 찍어놓고 하루 정도 보면서 생각해 보고 나서 부족한 부분을 더 찍으면 될 것 같아요.

필자 네. 정말 구체적인 훌륭한 계획을 갖고 있으시군요. 그러면 현재의 자동차 모습은 사진을 잘 찍으시면 되는데 앨범과 스마트폰 속에 남아 있는 추억을 잘 간직하려면 어떻게 해야 할까요?

할머니 우선 한곳에 잘 정리해서 모아야 될 것 같아요.

필자 좀 더 구체적으로 어떻게 잘 정리해서 모으시는 것인가요?

할머니 음… 연도별로 나누고, 그리고 장소별로 나누면 될 것 같아요. 그리고 각각의 묶음에 연도와 장소를 기입하면 될 것 같아요. 예를 들면 '1992년 여름 낙산사' 이런 식으로 구분하여 이름을 붙여놓으면 될 것 같아요.

필자 그렇게 정리하는 데 얼마나 걸릴 것 같은가요?

할머니 음, 정리만 계속 할 수는 없고 중간중간에 잘되었는지도 다시 점검해야 하니까 두 달 정도 기간을 잡고 천천히 하려고 해요.

필자 네. 할머니 정말 계획성 있게 잘 생각하시고 있으신 것 같아요. 어떻게 정리하실지 구체적인 방법까지 생각하시고 계시는군요. 정말 훌륭하세요.

필자 그러면 이러한 앨범 정리, 스마트폰 사진 정리를 하는 데 있어서 혹시 예상되는 어려움이나 자신 없는 부분이 있을까요?

할머니 네. 앨범은 제가 정리할 수 있는데 스마트폰 속에 있는 것을 하나하나 하기에는 시간이 너무 걸릴 것 같아요.

필자 그럼 어떤 방법이 있을까요?

할머니 누군가에게 좀 도움을 받아야 할 것 같아요.

필자 도움을 받을 수 있는 생각나는 사람이 있을까요?

할머니 음~ 아이들이 가까이 있다면 아이들에게 도움을 받을 수 있을 것 같은데 아이들은 멀리 떨어져 있으니 어려울 것 같아요. 대신에 친구에게 얘기해서 친구 딸에게 잠깐 좀 부탁을 하면 될 것 같아요. 어려서 아이를 같이 키웠던 친구였는데 그 친구와 딸은 지금 한국에 있어서 가끔씩 만나고 있거든요.

필자 아~ 네…. 그런 방법을 생각하고 계시는 군요. 정말 계획도 구체적으로 잘 세우시고 지인 도움까지도 염두에 두고 있으시군요. 정말 훌륭한 실천력을 갖고 계신 것 같아요.

할머니 감사합니다.

코칭에서 코치가 고객에게 '언제까지, 무엇을, 누가, 어떻게 할 것인가'와 같은 실행 계획 구체화 질문을 하는 것은 고객에게 심리적·실천적 유용함을 제공한다.

11) 실행 계획 구체화 질문을 통해 고객이 얻는 유용함

◆ **목표 달성 가능성 증가**

구체적인 계획은 추상적인 목표를 현실적인 행동으로 전환시켜 준다. 따라서 실행 가능성이 높아지고, 실제 행동으로 이어질 확률이 커진다.

◆ **책임감과 자기주도성 강화**

'누가, 언제까지'라는 질문은 고객이 자신의 행동에 책임을 지도록 한다. 따라서 코치가 아닌 고객이 주체가 되어 계획을 세우므로 자기주도성이 강화된다.

◆ **동기 부여 및 집중력 향상**

구체적인 행동과 기한은 고객의 동기를 자극하고, 목표에 집중할 수 있게 한다. 막연한 불안이나 혼란을 줄이고, 명확한 방향성을 제공한다.

◆ **진행 상황 점검 및 피드백 가능**

실행 계획이 명확하면 이후 코칭 세션에서 진행 상황을 점검하고 피드백을 줄 수 있다. 고객은 자신의 진행 상황을 인식하고, 필요한 조정을 할 수 있다.

◆ **자기 효능감 증진**

고객이 스스로 계획을 세우고 실행에 옮기면 '나는 할 수 있다'는 자기 효능감이 높아진다. 이는 장기적으로 더 큰 목표를 향한 지속적인 행동으로 이어진다.

◆ **내면의 가치와 연결**

'왜 이 행동을 하는가?'를 함께 탐색하면서 실행 계획이 고객 자신의 가치와 연결되어 더욱 의미 있게 된다.

필자 할머니께서 현재와 과거의 자동차와 관련된 추억에 대하여 간직하는 구체적 계획과 방법을 말씀하셨는데요, 그러면 이렇게 소중한 추억을 간직하려고 앨범에서 사진을 정리하고 있는 할머니의 모습을 자신이 스스로 바라본다고 생각하시고 그 모습을 한번 말씀해 보신다면 어떻게 표현해 볼 수 있을까요?

할머니 음, 글쎄요. 좀 어려운 것 같은데, 예를 들면 어떻게 표현하는 것이죠?

필자 네. 예를 들면 '○○을 하고 있는 누구' 또는 '○○ 속의 누구' 이런 식으로 앨범을 정리하고 있는 자신의 모습을 할머니 스스로 바라보면서 그 모습을 표현해 보시는 거예요.

할머니 아, 네~ 이런 거 처음 해보는 거라서 잘할지 모르겠는데요. 음, 그러면 이렇게 표현해 볼게요. '추억을 정리하는 김말순'…. 아, 이건 제 이름이 촌스러워서 별로 마음에 안 들어요. 호호호! 그러면, '추억을 정리하는 노인'…. 이것도 별로 마음에 안 들어요. 너무 쓸쓸한 것 같아요. 다시 한번 생각해 본다면, '감사와 행복을 간직하는 백발 소녀'. 조금 긴 것 같은데 이게 제일 좋은 것 같아요. 좀 간지러운 느낌이기는 해요. 호호호.

필자 와, 정말 멋진 이름을 찾으셨어요. 박수 보내드립니다. 정말 멋진 이름이에요. 축하해요. '감사와 행복을 간직하는 백발 소녀'라는 말씀을 하셨는데 이렇게 멋있는 표현에는 어떤 의미가 있을까요?

할머니 음… 제 마음은 어렸을 때나 젊었을 때나 지금이나 늘 소녀이고 싶었던 것 같아요. 전쟁 통에 부모 얼굴도 모른 채 어렵고 힘들게 고아로 자랐지만 돌이켜 보면 어린 시절에 파란 들판이나 개울가, 풀벌레 울음소리에서 느꼈던 감성이 너무 좋았던 것 같아요. 그래서 '소녀'라는 표현을 붙인 것 같아요. 그런데 지금 머리가 이렇게 희어가니까 '백발 소녀'라고 붙여 보았어요. 그리고 좋은 남편을 만났고 착한 아이들을 두게 되었고, 지금까지 이렇게 건강하게 살고 있는 것이 너무너무 감사한 일이라서 감사하고 행복한 마음이에요. 그래서 이걸 다 붙여서 '감사와 행복을 간직하는 백발 소녀'라고 표현해 보았어요.

12) 고객이 자신의 모습을 표현해 봄으로써 얻는 유익함

코칭에서 자신의 모습을 스스로 표현해 보도록 하는 것은 고객이 자신의 감정이나 생각을 언어로 표현함으로써, 자신의 내면을 더 잘 이해하도록 돕는 것이다. 또한 감정해소와 마음의 안정을 찾고, 긍정적인 감정을 강화하는 정서적 안정을 돕는다.

필자 와~ 정말 멋진 의미인 것 같아요. 정말 훌륭하십니다. 아까 말씀 중에 어린 시절 고아로 어렵게 자라셨고 주위의 풍경과 감성에 대해서 말씀하실 때 할머니 눈빛이 잠깐 반짝이는 것을 본 것 같은데 맞을까요?

할머니 네, 맞아요. 어린 시절이 그립거든요.

필자 그러면 할머니 마음속에서 그리운 옛날의 어린 시절로 돌아가 볼 수 있다면 혹시 누군가를 만나고 싶다거나 또는 무엇인가 해주고 싶은 말이 있을까요?

할머니 네… 아, 있을 것 같아요. (할머니는 짧고 깊은 한숨을 쉬었다. 침묵이 흘렀다.) 제가 제 아이들을 키우던 젊은 엄마의 모습으로 어린 시절의 저에게 돌아가 보고 싶어요. 그리고 '고생 많았지'라고 말해줄 것 같아요.

필자 그러면 잠깐 눈을 감으시고 자신의 어린 시절 모습을 떠올려 보시겠어요.

할머니 네…. (살며시 눈을 감았다.)

필자 할머니께서는 지금 어린 시절로 가셨습니다. 주위는 어떤 모습인가요?

할머니 굉장히 크고 넓은 파란 들판이에요.

필자 거기서 혹시 어떤 소리가 들리나요?

할머니 풀벌레 소리만 잠깐씩 들려요.

필자 거기에는 누가 있나요?

할머니 저 혼자 있어요.

필자 어떤 옷을 입고 있나요?

할머니 조금 누렇게 바랜 흰색 티와 갈색 치마를 입고 있어요.

필자 신발은 어떤가요?

할머니 낡고 해어진 큰 군화 같은 신발이에요.

필자 그 소녀는 지금 무슨 생각을 하고 있나요?

할머니 아무 생각이 없어요.

필자 얼굴 표정은 어떤가요?

할머니 불안해하고 누군가를 기다리는 것 같아요.

필자 누구를 기다리나요?

할머니 엄마를 기다리고 있어요.

필자 엄마가 어떻게 했으면 좋겠어요?

할머니 왔으면 좋겠어요.

필자 어디서 올까요?

할머니 저쪽 파란 들판 끝에서 올 것 같아요.

필자 그럼 지금 한번 큰 소리로 '엄마' 하고 불러보시겠어요.

할머니 엄마!

필자 더 크게 한 번 더 불러 보시겠어요.

할머니 엄마!!

필자 지금 엄마는 어디에 있나요?

할머니 제 앞에 있어요.

필자 엄마가 말순이에게 어떻게 하고 있나요?

할머니 제 손을 잡고 있어요.

필자 손의 느낌은 어떤가요?

할머니 부드럽고 따뜻해요.

필자 엄마는 어떤 모습인가요?

할머니 젊고 예쁜 엄마예요.

필자 엄마는 어떤 옷을 입고 있나요?

할머니 옥색 치마를 입고 있어요.

필자 엄마가 뭐라고 말하나요?

할머니 '말순아, 고생 많았지.'라고 하면서 저를 안아주고 있어요.

필자 어떤 느낌인가요?

할머니 굉장히 따뜻하고 포근한 느낌이에요.

필자 네…. 그럼 눈을 감은 채로 따뜻함과 포근함 속에 잠시 머무르겠습니다. (잠시 시간이 흐른 후) 네…. 이제 천천히 눈을 뜨시겠어요.

할머니 네.

필자 잠시 어린 시절로 돌아가서 엄마를 만나보셨는데 어떠셨나요?

할머니 와, 정말 굉장한 체험이었어요. 제 마음 한구석에 남아 있었던 엄마에 대한 그리움을 이렇게 실제 느껴볼 줄은 몰랐어요. 어린 시절 엄마를 만나서 너무 행복했고, 마음속에서 늘 누군가를 기다렸던 것 같았는데 그것이 엄마였나 봐요. 그런데 이번에 이렇게 만나게 되어 너무너무 좋았어요.

필자 네. 소중한 경험을 하신 것을 정말 축하드려요. 정말 잘하셨어요.

코칭에서 NLP(Neuro-Linguistic Programming, 신경언어 프로그래밍) 기법을 활용하여 고객이 과거의 감정과 기억을 안전하게 재 경험하고, 그 안에서 치유적 통찰을 얻도록 돕는 방식은 심리적·정서적으로 깊은 유익을 줄 수 있다.

이러한 코칭은 단순한 목표 달성 중심의 코칭을 넘어, 삶의 전반을 통합하고 회복하는 존재 중심의 코칭(Ontological Coaching)이나 치유적 코칭(Healing Coaching)의 성격을 띠고 있다.

13) 코칭에서 NLP 기법의 유익함

◆ **감정의 해소와 정서적 치유**

어린 시절의 상처나 외로움, 결핍된 감정은 무의식에 남아 삶에 영향을 준다. 코칭을 통해 그 시절로 돌아가 '엄마가 되어 어린 자신을 위로하는 경험'을 하면서, 억눌렸던 감정이 해소되고 내면의 상처가 치유될 수 있다. 이는 자기위로(Self-soothing)와 자기연민(Self-compassion)을 경험하는 강력한 체험이다.

◆ **과거 기억의 재구성과 통합**

NLP에서는 감각 기반의 회상(시각, 청각, 촉각 등)을 통해 기억을 생생하게 떠올리고, 그 기억을 새로운 의미로 재구성할 수 있도록 돕는다. 할머니는 과거의 외로운 소녀를 지금의 자신이 돌보는 존재로 전환함으로써 과거의 고통을 새로운 시각으로 바라보게 된다. 이는 자기 정체성과 삶의 서사를 통합하는 데 큰 도움이 된다.

◆ **자기 효능감과 회복탄력성 향상**

'나는 나를 돌볼 수 있는 존재다'라는 경험은 자기 효능감(Self-efficacy)을 높이고, 삶의 어려움을 이겨낼 수 있는 회복탄력성(Resilience)을 강화한다. 특히 고령의 고객에게는 삶을 되돌아보며 의미를 재발견하는 과정이 매우 중요하다.

◆ **삶의 의미와 방향성 회복**

과거의 상처를 치유하고 나면, 고객은 현재와 미래를 더 긍정적으로 바라볼 수 있게 된다. '고생 많았지'라는 말은 단순한 위로를 넘어, 자신의 삶을 인정하고 존중하는 선언이기도 하다.

◆ **코칭 관계의 신뢰와 깊이 강화**

코치가 고객의 감정을 존중하고, 안전한 공간을 제공함으로써 고객은 자신의 깊은 내면을 탐색할 수 있는 용기를 얻게 된다. 이는 코칭 관계의 심리적 안전감을 높이고, 이후의 대화에서도 더 깊은 주제를 다룰 수 있는 기반이 된다.

필자 지금까지 할머니께서 차에 대한 추억을 간직하고 싶다는 주제를 갖고 사진 찍어보기와 앨범·스마트폰 사진 정리하기라는 구체적인 방법에 대해서 말씀하셨습니다. 그리고 사진을 정리하는 자신의 모습을 '감사와 행복을 간직하는 백발 소녀'라고도 표현해 보았으며, 어린 시절로 돌아가서 엄마를 만나보는 시간 여행도 해보았습니다. 그러면 이렇게 차에 대한 추억을 간직하는 것이 할머니의 삶에는 어떤 의미가 있을까요?

할머니 음… 그 차는 제 인생의 많은 시간을 함께한 친구 같아요. 아이들 키우고, 시장 다니고, 병원도 가고, 남편과 여행도 하고…. 그 차를 보면 제가 살아온 시간이 떠올라요. 차 안에서 울기도 하고 웃기도 하고 행복했어요. 그래서 사진을 정리하면서, 그 시간들을 다시 꺼내보는 게 참 감사하고 행복해요. 전쟁고아로 자라서 엄마 얼굴도 모르고 자랐지만 그 차는 제 삶의 한 부분을 지켜준 존재 같아요. 그래서 '백발 소녀'라는 표현이 참 좋아요. 지금도 그 차를 보면 내가 살아왔다는 증거 같고, 내가 사랑받았다는 느낌이 들어요.

필자 네, 그런 의미와 느낌을 갖고 계시는군요. 그럼 그 차와 함께했던 순간 중 가장 기억에 남는 장면이 있다면 어떤 것일까요?

할머니 아이들을 학교에 데려다주던 때가 가장 기억에 남아요. 시간이 늦어서 정신없이 가방 챙기고 도시락 챙기고 바쁘게 막 데려다주고 나서 창문 너머로 손을 흔들 때 제 손끝과 아이들의 까만 머리에 햇살이 뿌려지는 모습이 정말 기억에 많이 남아요. 정말 따뜻한 시간이었어요.

필자 네, 그런 장면이 가장 기억에 남으시는군요. 그때의 햇살은 할머니에게 어떤 의미였을까요?

할머니 음… '행복'인 것 같아요. 정말 찬란한 햇살이었어요. 그리고 그 시절 햇살 같은 행복한 시간에 같이 있었던 것이 바로 저기 있는 차예요.

필자 네, 그러시군요. 그런 햇살 같은 행복이 있으셨군요.

할머니 네.

필자 그럼 그 차와 함께한 시간들이 할머니 삶에는 어떤 가치를 남겼다고 생각하시나요?

할머니 '내가 참 열심히 살았구나. 그리고 많이 사랑하면서 살았구나.'라고 생각해요. 그 차는 제 삶의 흔적이에요. 제가 얼마나 열심히 살았는지를 보여주는 증거 같아요. 아이들 키우고, 가족을 챙기고, 남편과 여행도 다니고, 아픈 몸으로 운전도 하고…. 그런 시간들이 저를 강하게 만들었고 사랑하는 것을 알게 해주었던 것 같아요. 그래서 그 차는 저에게 '가족, 사랑, 행복'이라는 가치를 남긴 것 같아요.

필자 그러면 그러한 소중한 추억을 어떻게 하면 더 잘 간직할 수 있을까요?

할머니 이렇게 종이 사진으로 보관하는 것도 좋지만 더 오래 간직하기 위해서는 컴퓨터 파일로 만들어서 유튜브 같은 데도 올리면 좋을 것 같아요. 그런데 그런 것은 제가 못 하니까 아무래도 친구 딸에게 부탁해야 할 것 같아요.

필자 네… 정말 훌륭한 생각을 갖고 있으시군요. 그럼 그렇게 잘 간직하신 것을 누구와 나누고 싶으세요?

할머니 제 손자, 손녀들에게 보여주고 싶어요. '할머니가 이렇게 살았단다.'라고 말해주고 싶어요. 그리고 파일로 만들어서 유튜브에 올리면 더 많은 사람들이 볼 수 있을 것 같아요.

필자 그런 파일을 보여줌으로써 손자, 손녀, 또 다른 많은 사람들에게는 어떤 의미를 줄 수 있을까요?

할머니 열심히 살아온 모습을 그들이 보면서 제가 살아온 삶이 단순히 지나가는 것이 아니라 아이들이나 그 추억 파일을 보는 누군가는 자신의 삶과도 비교해 보면서 거기에서 삶의 작은 의미를 나름대로 찾을 수 있을 것 같아요. 그렇다면 제가 이 세상에 없더라도 제 삶을 통하여 그들에게 조금이라도 작은 도움을 줄 것 같아요. 그것으로 저는 행복할 것 같아요.

필자 네. 그러시군요. 할머니와 함께한 자동차와의 추억을 간직하는 것을 통해서 살아오신 삶의 의미를 찾으신 것을 축하드립니다.

할머니 네, 감사합니다.

필자 오늘 이렇게 할머니와 우연히 뵙고 시간을 갖게 되었는데 이제 코칭을 마무리해야 할 것 같아요. 혹시 더 하시고 싶은 말씀이나 또는 오늘 코칭 시간이 어떠셨는지 한 말씀 부탁드려도 될까요?

할머니 오늘 정말 저에게 굉장한 시간이었던 것 같아요. 처음에 단순히 저 차를 어떻게 해야 할까만 생각했는데 저도 잘 몰랐던 많은 생각을 더 하게 되었어요. 그러면서 어린 시절의 아픈 기억도 떠올려 보고, 그립던 엄마로부터 위로도 받을 수 있었던 시간이었어요. 그리고 제 삶과 함께한 자동차의 추억을 잘 간직해서 아이들이나 다른 사람들과 나눌 수 있다는 것으로 생각을 넓힐 수 있었어요. 제가 살아온 삶이 누군가에게 작은 도움을 줄 수 있겠다는 생각을 갖게 해준 소중한 시간이었던 것 같아요. 정말로 감사합니다.

필자 그런 의미를 찾으신 것을 다시 한번 축하드립니다. 그리고 자동차 사진 찍으시거나 사진을 정리하시는 상황을 저에게도 알려주실 수 있을까요?

할머니 네. 그럼요. 알려드려야죠.

필자 네. 감사합니다. 연락주시면 저도 응원의 메시지 보내드리겠습니다.

할머니 네. 알겠습니다.

필자 그럼 이것으로 코칭을 마쳐도 될까요?

할머니 네. 정말 감사한 시간이었어요.

필자 그럼 코칭을 마치겠습니다. 수고하셨습니다.

6. 오늘을 살아가세요

토요일 아침에 자동차 수리 센터에서 빨강 목도리 할머니와의 우연한 만남은 이렇게 마무리되었다. 대기실 자리를 차지하려고 앉았던 자리를 통해 할머니를 만나게 되었고 생각지 않았던 코칭을 하게 되었다.

이야기를 들어줄 사람을 갈망하고 있는 요즘 시대에, 필자는 코치로서 경청, 공감을 생활 속에서 실천하려고 부단히 수양하고 있으며, 할머니와의 만남을 통해 경청·공감이라는 코치로서의 삶의 지표를 되돌아보는 시간이었다.

끝으로, 2019년 JTBC 드라마 「눈이 부시게」의 엔딩 대사이자, 백상예술대상 수상자인 김혜자 선생님께서 시상식에서 전한 감동적인 수상 소감을 독자 여러분과 함께 나누며 코칭에서 만난 할머니에게도 건넨다.

내 삶은 때론 불행했고, 때론 행복했습니다.
삶이 한낱 꿈에 불과하다지만
그럼에도 살아서 좋았습니다.

새벽의 쨍한 차가운 공기,
꽃이 피기 전 부는 달큰한 바람,
해 질 무렵 우러나는 노을의 냄새,
어느 하루 눈부시지 않은 날이 없었습니다.

지금 삶이 힘든 당신,
이 세상에 태어난 이상
당신은 이 모든 걸 매일 누릴 자격이 있습니다.

대단하지 않은 하루가 지나고,
또 별거 아닌 하루가 온다 해도
인생은 살 가치가 있습니다.

후회만 가득한 과거와
불안하기만 한 미래 때문에
지금을 망치지 마세요.
오늘을 살아가세요, 눈이 부시게.
당신은 그럴 자격이 있습니다.

누군가의 엄마였고, 누이였고, 딸이었고,
그리고 나였을 그대들에게....

(「눈이 부시게」 중에서)

에필로그

— 조용한 질문, 깊은 변화, 삶을 코칭하다

코칭은 정답을 주는 기술이 아닙니다.
코칭은 질문을 통해 사람의 내면을 비추고,
그 사람이 스스로 답을 찾도록 돕는 과정입니다.
그 질문은 때로는 침묵 속에서, 때로는 눈빛 속에서,
때로는 아주 평범한 일상 속에서 피어납니다.
이 책을 통해 우리는 삶의 다양한 국면에서
코칭이 어떻게 작동하는지를 함께 보았습니다.
가족과의 갈등을 풀어가는 일상 속 실천,
죽음을 앞둔 환자와의 마지막 대화,
자기 길을 찾고자 하는 중년 여성의 용기,
그리고 추억을 간직하고 싶은 노인의 회상까지.
이 모든 이야기는 코칭이 단지 전문가의 영역이 아니라,
누구나 실천할 수 있는 인간적인 접근임을 보여줍니다.
코칭은 사람을 바꾸는 것이 아니라,
사람이 자신을 더 깊이 이해하고, 스스로를 존중하며,
삶을 선택할 수 있도록 돕는 것입니다.
이 책을 덮는 지금,

당신의 삶에 조용한 질문 하나를 건네 봅니다.

"지금, 당신은 어떤 이야기를 살아가고 있나요?"
그 이야기를 누군가와 함께 나누고 싶다면,
그 순간이 바로 코칭의 시작입니다.